1/19日のつづき）かわりに、読み終った、大江健三郎の「ピンチランナー調書」をあげる。一ふは、中学校の時一度読んでるので、二回目だったが、自分を引きずり上げ、ふるい立たせて書いているような印象をうけた。ふっきれないまま無理してがんばってるような大江健三郎をあたりは、かなり好きなので、今後も、がんばってほしいと思う。作風は、ちがうものの大江の後ケイ者とみている高橋源一郎は、何か本を出してもみたいだけど、期待できそうもないな。ソルジェニツェニをよみ始めるが、あまり面白くない。内容が、似てるだけに、ドストエフスキーの死の家の記録ろくの面白さと比べてしまうが、どうも乗れない。雨の中、テントをはり公園でねる。

1/20 今にも雨のふりそうないやな天気である。風も強く、かなり寒い。テントを干した後、郵便局へ、手紙をとりにいく。恭平と母親から一通づつ来ている。なつかしさがこみあげる。ミニシ前で店を開こうとするが、店員に「やめてくれ」と言われる。仕方なく、シャッターのおりているアイスクリーム屋の前で店を開く。酔っぱらいが一人からんできただけで、皆、物珍しそうにこちらをみつつ通り過ぎていく。じゃくばくたる気持ちになる。しかし、あたりは、この「じゃくばく」な感じが、大好きである。あとは、しゃべっている時におとずれる、居ごこちの悪い沈もく、あの白けたきん迫感も大好きである。そんなわけで、いよいよ雨もパラッキだす。となりの、トレーナーなどを売っているお店のマダムといった感じのおばさんが、コーヒーを持ってきてくれる。マダムとしばらく話す。最近、ふえている台湾の観光客が、消費税を払わないといって、なげく。この店の店長の「漫画家」が、「沖縄何とか」という漫画雑誌にかいた四コママンガをよむ。ちっとも面白くなくて、対応に困る。もらったコーヒーは、ドブにすててしまった。あたいは、コーヒーが苦手でのめないのだが、この旅行の間にも、3、4回はコーヒーをおごられ、困っている。ふと宮古へ行く気になる。調べてみると今日の夜8時出航なので、あわてて、用意をする。沖縄名物「足てびち」を食べる。これは、豚の足を煮たもので、強烈に渋こい。量も多いので、頭がボーとする。銭湯に入る。倒産品センターというあやしげな店に行き、クレパス他小物をかう。港の手前で、車から、似顔絵をかいてくれと頼まれるが、断る。すると、帰りに絶対寄ってくれ、とその「かし屋」のおやじ[illegible]る。兄の学割書で、学割にしてもらい切ぷを入手する。船内は、ガラガラで、みなすぐに[illegible]くってねてしまう。

近くの弁当屋でメシだけ売ってもらい、納豆をくう。幸せ。またもや、コーヒーをおやじからおごってもらいそうになるが、やっと断る。ぶらつく。図書館に入り、手紙を書こうとするが、つかれがおそい、ねむってしまう。頭がぐわんぐわんする。それでも手紙をかく。宮古の平良（ひらら）をぶらつくが、人気がない。カママリょう公園へ行って、テントをはり、すいみんをとる。表では、老人たちがゲートボールとゴルフを組み合せたようなゲームをやってキャキャさわいでいる。夕コク、あたりを散さくする。高見台へとのぼってみると、ガサゴソと音がして、みるとカップルが座っていて、男の方がしきりにわおとらしいセキをするという、ドラマにまぎれこんだような情景が展開されるので、一人笑う。

終日雨がふっている。このような旅行をしていると、考え方が、非常に単純になり、心の動きも、天気が、大半を支配するようになる。少しの晴れ間を利用してテントを干す。そうじしているおばさんたちが、千円くれようとするが、あたいは、強引におばさんの似顔絵をかく。結局、千五百円もらう。また、果物ももらう。公設市場で、長いやりとりの末、ヤクルトおばさんをかく。やはり、宮古でもおばさんたちはファンキーで笑りが絶えない。7百円しかくれない。かしをくれる。雨は、ふったりやんだりである。昔、この石の高さになったら税を払わなければならなかったという百五十センチぐらいの人頭税石のところで昼メシをくう。大型観光バスが目の前に何台も止っては、行ってしまう。雨のため、人は降りない。車が止まり、似顔絵をかいてくれ、と頼まれる。人頭石近くの休けい所でかく。二日酔で、会社をさぼってブラブラしていた、という。自動車修理会社の専務[redacted]という。大神島へいく島尻という港まで車でのっけてもらう。350円の弁当はうまいか、について討論する。宮古そばをおごってもらう。沖縄そばもだが、メシは内地のうどんに似ている。宮古そばは、沖縄そばよりこってりしてて、おいしい。メシをくったばかりだったから、腹が苦しい。ものすごい暴風雨で、海は台風なみにあれている。と30才ぐらいの女の人がいうが、この人が大神島の部落長であった。しかし、船はさほど、ゆれずに大神島へつく。大神島というのは、[redacted]面積0.2km^2ほどのピラミッド形の小島で、住民も70名余り。なんとなく面白そうで、宮古へくる前から行きたいと思っていた。あき屋があるから、そこへどうぞと部落長についていってもらうが、戸をあけるとネズミがかけまわり、フンが散乱している。あき屋のにわの芝生にテントをはる。一けんしかない店にかんづめを買いにいくと、そこのおばあが

新版

このようなやり方で300年の人生を生きていく

あたいの沖縄旅日記

ゆ川てつオ

キョートット出版

もくじ

＊本文中［❖］を記した箇所について、２１１〜２３５ページの「編集から」で説明しています。
＊この旅日記には差別的／侮辱的な表現があります。その一部についても［❖］をつけ、「編集から」の中で取り上げています。
＊お名前を載せてもよいと了解を得た方以外は、基本的に仮名にしています。

あたいのルンルン沖縄一人旅　本島篇

1989年12月23日～1990年1月20日

1989
12/23

あたいは、船にのっている。でっかい船だ。

でも、乗るまでが大変だった。沖縄で似顔絵描きをやるために看板をつくったり、また、表「営業中」裏「準備中」という札を買うために遠出したりしていて、船の時間に間に合うかどうか分からないという不安をかかえたまま家を出発したのだが、電車は次々と乗りおくれるし、あたいは、もう、胸がはりさけそうだった。ぐすん。有明ふ頭のもより駅、新木場についたのが出港の一〇分前。もうバスもなく絶体絶命かと思ったが、捨てる神あれば拾う神あり、タクシーが、一寸の虫にも五分の魂、あたいを待ってくれていた。運転手が、一〇〇kmで港まで急いでくれたおかげで、橋げたがあがる寸前で、こうして船へ乗りこめたのである。

12/24

昨晩は、船酔いとじじいの強烈ないびきでねむれなかった。

昼、甲板にて、持参したサツマイモをとなりの人にあげる。彼は、一見沖縄の人みたいな本土の大学生で、これから那覇の近くの離島（けらま）にダイビングのバイトに出かけるという。名を石井、通称をカールと発する。彼と二時間程度話す。

そして、船室へ戻り、サツマイモのとりもつ縁で、目黒淳思《あつし》、通称ゲロ、他、沖縄の人、数名と知り合いになる。ゲロの服は、ジーパン・Tシャツともビリビリに破れていて、きたないパンクといった風だが、これは自転車で日本一周旅行をしてるうちに自然となってしまったようである。彼はこの春、大学に落ちて以来、自転車で旅行しつつも金がなくなると、土方をやったり風呂屋で働いたりして、どうにか持ちこたえ、測量の社長が沖縄までのチケットをボーナスでくれたので、日本一周を一時中断し、船に乗っているという。彼とボブ・マリーの話で盛り上がる。

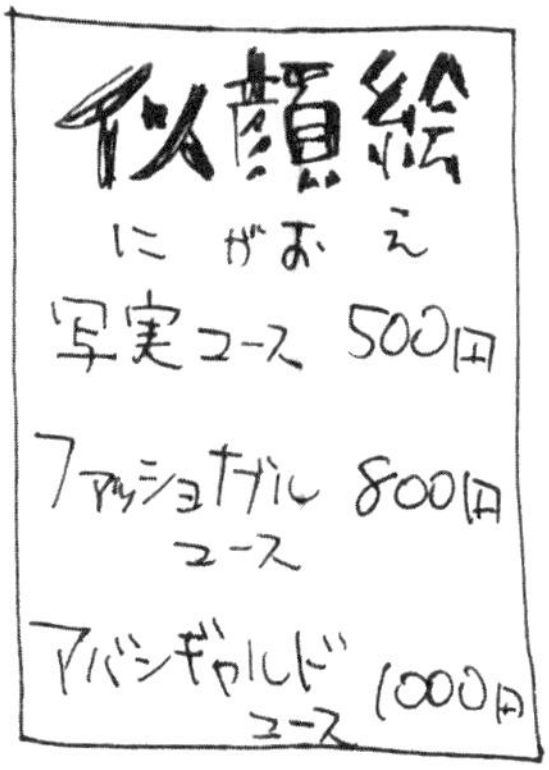

　体調がよくなってきたので、船のレストラン前で似顔絵描きをはじめる。が、客がこないので、売店のかわいいお

思い出し似顔絵［編注✣1］

ねえさんに声をかけたところ、ためらいつつ、ＯＫする。

描いている途中、船員さんや食堂のおねえさんたちが続々あつまる。絵は、オニばばのような会心の出来で満足するが、おねえさんに見せると、明らかに怒ってる。まぁしかたがない。あたりをみまわすと、あれほど集まっていた人々は、今や影も形もない。

しばらくして、二人目の客をつかまえる。

ゲロに「だいぶ、上達した」とほめられる。

しばらくして、三人目の客をつかまえる。

客、感動して、五〇〇円のところ八〇〇円くれる。

この人と夜の十二時まで三時間程度、話す。彼は大学時代、弓道部の部長のとき全国優勝した経験を持ち、古典文学にあらわされている弓の話をきかせてくれる。また、近年の弓道界における精神主義の蔓延について、厳しい批判をくりひろげた。

船室に帰ると、酔っぱらいに似顔絵を描け、とからまれるが無視する。

時化《しけ》のため、船の到着が三時間おくれ、午後三時になった。その間に三人の似顔絵を描き、ゲロのビリビリのジーパンにビューティフルな図柄を描いてあげた。やたら派手で、ゲロもうれしそうだった。

那覇はくもりで、たしかにあったかいのだが、ステレオタイプの沖縄像とはかなり違っていた。

今晩泊まるユースホステルまで、港から距離があるので、ぼくはバスで、ゲロは愛車の「インターセプターIII世号」で、行くことにする。しかし、バス路線は複雑で、似顔絵を描いてあげた面白いおばさんと共に迷う。

ユースホステルでゲロとおちあい、カールさんと約束した国際通りの三越前へと、いちいち似顔絵の看板を持って行く。しかし、約束は五時のところ、カールさんを一時間待たせて六時に到着する。カールさんが公設市場二階の食堂へ連れていってくれる。

そして、そこに、このおやじはいたのである。

ゲロ著　クリスマスの夜、市場の食堂で会った変なオヤジ編より引用[❖2]

……公設市場というのはいつから建っているのかわからないような古い建物の中のくさりかけたエレベーターで二階にあがると、そこは食堂がいっぱいある、ちょっと本土の人間には理解できないファンクな店がブアッと並んでいた。すき間では、ガキ共がサッカーをしていた。ある一軒に狙いをさだめ、席につこうとすると、口髭を品良くそろえたオヤジ❶が飛び出してきて、オレのポケットの札をさして「まだ準備中か?」と言うので、「営業中でもいいっすよ」とうらがえすと❷オヤジ喜び、ニガー❸[❖3]に「オレと似顔絵勝負して、お前が勝ったら、メシ代を出す」とのたまう。面白いことを言うオヤジだと思った。さぞ、絵もうまいのだろうと思った。オヤジ、黒のクレパスをつかんで、いきなり、テーブルにゴリゴリと縦線を引きはじめる。店のおばさんが、たまらず「なんてことするんだい!」と言う。

❶

❷札はゲロが持っていた。

❸あたいの事

オヤジ「オレの売ったワックスで落とせなかったら代金はいらねー」とのたまう。その時点で、やっと我々は、オヤジが店の人ではなくてワックスの押し売りなんじゃないかな？ということまで察した。そして、「ほら、お前も描けるぞ、お前もだ」といって、三人の顔をテーブル中に描きまくって、ガキのように得意になってしまった。プリティなオヤジだと思った。そのうちニガーも描きおわった。絵をみるなり、オヤジ、血迷い、光の三元素、色の三元素の話をしはじめる。マゼンダ・シアン・イエローとか言う。瞬間、ニガーに向かって「将来は何になりたい？」ときく。ニガーは、「芸術家」と言う。話題がとぎれたな、と思ったら、こんどはオレに「何になりたい？」と言う。「カメラマンだ」と言うと、「インスタントをやれ、売れるぞ！」と言う。

「オレは、元フォトコーディネーターだった」と言う。仕事の内容とか、矛盾点をつきたかったけど、雰囲気がそれを求めていなかった。カールさんにふって、「お前は？」ときく。カールさん「ダイバーのインストラクター」と言う。ビーチを紹介するという。できるもんならしてみろと言いたくなったが、雰囲気をこわすと、元も子もなくなりそうな気がして止めた。オヤジ「オレは、寺子屋をやっている」と言う。不良少年とか公文の帰りの少年を集めているらしい。夜の十時からは、「大人の酒の飲み方」教室をやるらしい。ガキ共は、遅くなると悪いから、帰すという。夜の十時に遅いとかそういう問題を出すあたり、頭が弱そうなオヤジで、ちょっと安心した。

……一年目、二年目、三年目、四年目で、やっと沖縄の心をつかんだとか、きらいな人間は陰でほめろとか、サラ金を二つぶつけ合わせてつぶしたとか、人生はトランプだ、いいか、キング・クイーン・ジャック、ジャックはジョーカー、ジョーカーはジョーク、スペルは、ちがうが……。といって金縛り。しかし、すかさず、ジャックは片目のジャックときりかえす。何か皮肉をこめたかったらしいが、ヒゲの中の口からは、それ以上の言葉が出てこなかった❹。……独眼流《ママ》正宗、そうそう、オレは前、バイクでこけて、目のまわりをぬった。伊東四朗の傷は、直線で残ったが、これはギザギザに切ってもらってぬったから大丈夫だ、と何の脈絡もない話をしてくれる。で、人生はトランプで、ジョーカーとジョークの関連性をつっこみたかったが、無駄なことだと分かっていた。

　ニガーも眠っていた。色の話をまたもちだしてきて、青と緑の話をする。GET UPしたニガーが、すかさずつっこむとオヤジ金縛り。そして、右手を突き出して「フレミングの左手の法則、右手の法則」と言う。左手はエル。エルはライフ。そして、合言葉はライフ。オレは、今、ライフコーディネーターをやっている。どうやら、押し売りを英語でそう言うらしい。オヤジ、ついに、トレーナーを脱いで、ニガーにわたす。寺子屋トレーナーだ❺。カールさんには、胸元からむしりとったバッチのはしくれみたいな物、オレは何をもらえるのかと思ったら、ギターのピックと使い古しのカミソリだった。そして、お年玉をくれた。中身は二〇円だった。臆面もなく、オヤジ「気持ちだ、気持ち」といってのけた。オヤジに別れを告げて、立ち上がると「代金は、その子のだけだぞ」と、最後っぺをかましてくれた。

　立ち去ると疲れが、どっときた。町のネオンがまぶしかった。カールさんに別れを告げた。帰り道、本当にいい町にきたと思った。


　ユースホステルに帰り、ゲロと風呂に入る。

　その後、ゲロのジーパンをクレパスで化粧直しをして、フロアに似顔絵描きに行くがペアレントに断られる。ぼくらが行くと、なぜか人々が次々と部屋に帰っていく。ユースのヘルパーの人と話をする。元自衛隊員で、ケンカの話を自慢げにする。そして、「親や兄弟が殺されてるのに、お前は黙ってみているのか」と自衛隊員が必ず言う論理で、社会党をけなす。ゲロを外人部隊に勧誘する。

　深夜、ゲロとおしゃべりをしている時、階下から突然、ガチャンという爆音と「お前の考えなんか一般には通用しない！」という怒鳴り声がひびいた。あたいとゲロは、こっ

❹今（1月1日）、覚えている他の話
「ピース、ピース（とピースサインをする）。2Bだ。今から2Bのえんぴつをくばる。三人で2B団をつくろう」

「これからは、青の時代だ」

「オレは、ダイダイが一番好きだ」

　交通事故の慰謝料を一晩でつかった話。

❺ぞうきんにした。なお、版画とあたいの似顔絵（別のやつ）をしゃべっている途中に制作する。

そり見にいく。ヘルパーが、ペアレントの上にのしかかり手をあげている。そして、のしかかられたペアレントが、冷静な顔で怒鳴りつづけている。あたいとゲロは部屋に帰り、腹がよじれる程、笑う。ベッドに入るが、三〇分たっても怒鳴り声が聞こえるので、また見にいく。と、女の人が避難してきており、話をきく。はじめはヘルパーと客のケンカだったのが、ペアレントが止めに入り、この二人のケンカに発展的に拡大したらしい。ゲロとさらにおしゃべりをした結果、寝るのが四時ごろになる。

朝、昨日のケンカのために気まずい雰囲気になっているだろうと思い、それを楽しみに朝食をとる。が、いくらゆっくり食べてもケンカした客が起きてこず、がっかりする。

あたいは腹の調子が悪い。ゲロは、ゲリらしい。

朝食のあと、昨日ケンカしていなかった別のペアレントに、赤ん坊の似顔絵を頼まれる。八〇〇円もらう。

ゲロがユースの近くにある「漫湖」という湖の看板を撮りた

いと言うので、わざわざ行く。漫湖公園はあったが、「漫湖」の看板は見当たらず、そもそもこの企画自体の無意味さも災いして、どっと疲れる。

その後、ゲロと雨の中、国際通りに似顔絵を描きに行く。デパートの前でやるが、全然ダメ。さらに、似顔絵用具を入れた袋が破れ、クレパスが散乱する。さらに、看板を持っているあたいに向かって「バカじゃないの」と通りすがりの女の子が言う。もう泥のように疲れた二人は、アーケードになっている平和通りで死の行進をする。

そこに向こうから、昨日のおやじが、ジャンパーの中の子犬と小学生二人を連れて現れる。なぜか、おやじは、あたいを子どもに「ブルーハーツのボーカルだ」と教え込み、あたいの疲れを増幅して、その上で「くじけちゃいかん」と大声ではげましてくれる。なお、昨日おやじの隣にいた人が、通りで洗剤を売っていたので、おやじがその押し売りだというのは誤りである。

とにかく座りたくなったあたいたちは、ブラジル料理の出店で、一〇〇〇円のものを一つ頼み、休むことにする。と、「似顔絵描いてくれる?」といきなり宝石店へ案内され、そこのマダムを描く事になる。厚化粧なので、それを強調する。

一〇〇〇円もらう。その後、ブラジル料理の親父さんの顔を描く。

通りすがりの人々が集まってくる。親父さん喜んでブラジル料

理を山ほどとジュースをくれる。五〇〇円もらう。まわりの人も次々やってもらいたがるが、あたいは足がフラつくほど疲れていて、断る。

ゲロの「オノ・ヨーコは目鼻だちのハッキリしたブスだ」[❖4]という言葉が印象に残る。

石垣島へボブ・マリーのテープを届けに行くゲロと惜しみつつ別れる。

ユースと目と鼻の先の公園に雨の中、テントを張る。けっこう寒い。

12/27

朝、警官に「公園側の許可をとってないなら、テントを今すぐたため」とおこられる。その後、「このテントはいくらした?」などと警官にありがちな一対一の人間として話そうという、わざとらしい質問を無視してテントをたたむ。

体がユラユラゆれる感じがする。これは、船に長くのっていたためで、はじめは地震かと思

った。

楚辺のあたりでスケッチをする。ここらは道が迷路のように入り組み、その間に墓が混在していて面白い。

そうこうするうちに夜になり、銭湯に入る。着替えする所と洗い場の間にしきりがない。

近くの公園をテントを張るために歩いているると「似顔絵を描いてくれ」と言われる。もう外は、まっくらで街灯の下で描く。背景と自転車を入れてくれと言われる。

一一〇〇円もらう。

市場の方へ飯をくいに行く途中、似顔絵を頼まれる。子ども二人を描く。

一人目の子は、始終、体を動かしたが、二人目の方は石のように動かず、絵が出来るのを期待と共に待っていた。二人目の方に絵を見せた。彼は、明らかに失望した。一〇〇〇

円もらう。
公園にもどると、一一〇〇円の人がいて、母親のアパートに泊まっていけ、と言うが断る。一一〇〇円の人と十二時ぐらいまで話す。彼は、途中でなぜかサシミを買ってきてくれる。テントで寝る。

12/28

テントを乾かしていると、制服の高校生がやってくる。彼は、もう東京へ就職が決まっていて、学校の補習を抜け出してきたのだ、という。
しばらく話していると、昨日知り合ったおじさんがやってきて、三人で「ソロ」というトランプをやる。また、そのおじさんの友人の老人に手相をみてもらう。ことごとく外れるが「あんたは、今、旅をしているね」と、見ればだれでも分かることだけは、さすがに当たる。これからの人生はいい事があるそうだ。

そのおじさんは、友人にぼくを南部の方へ案内させると言って、友人を呼びに行く。高校生と二人で、えんえんトランプを続ける。おじさんの友人がきて、明日行くことにする。昼ごろ高校生は帰る。ぼくは、那覇から二、三キロはなれた首里へ向かう。

途中の文房具屋で、針道具セットをもらう。飯をくいに入った店（場違いな程モダン）でカレーライスをタダぐいする。そのかわり、そのオーナーの凧に侍の顔を描かされる。うまく描けないので、オーナーにモデルになってもらう。

ただでさえ鬼みたいな顔がにらみつけているから、店に入ってきた客はビビっていた。オーナーとしばらく話す。沖縄の若い娘とおばさんの顔や姿の決定的な落差の原因は、生活苦にあると力説する。さらに、沖縄の村社会を批判する。

首里を適当に見てまわり、那覇の同じ公園にテントを張る。

12/29

昨晩の二時ごろ、いきなり酔っぱらいにテントをたたかれ、目をさます。その酔っぱらいは、二七日の夜、少し話した事のある人で、「テントに入れてくれ、入れてくれ」とうるさい。だれかとケンカした後のようで、雨も降っているようだし、様子をうかがおうとテントを開きかけるや否や、酔っぱらいが侵入してくる。

ムニャムニャしゃべっているうちに眠りこけ始める。酒くさいしイビキはうるさいしで、やたら迷惑。そのうえ、のしかかってくる。あたいは、かまわずけりを入れる。酔っぱらい、ムニャムニャ言う。

朝になると、その元酔っぱらいは「一万円やるから、ぼくと遊ぼうよ」と、しつこく言いだす。どうやら、ホモだったらしい[❖5]。だとすると、のしかかり方がわざとらしかったのも、わかる。ぼくは、「出ていってください」とくりかえし言う。しかし、彼は、しつこく勧誘する。ぼくは、「不愉快だから出ていけ」とけっとばす。のそのそとテントの外へ出かかる。が、すかさず宿泊料を請求し、結局二〇〇〇円奪い取る事に成功する。今後、何事があっても、他人をテントに入れるのは止めようと思う。

付記　この旅行記は兄に送る予定であったが、親が見て心配しないように、多少自主規制している。この人について覚えていることは、同じ向きに寝るのがいやで、入れ違いに寝ていると、それに気がつかないのか、しきりにぼくの足に抱きついていた事、「一万円うんぬん」を断ると、値段の交渉していると思ったか「一万五千円なら」などと言いだした事などがある。また、夜、少年五、六人を従えた親父から、「いい店に連れていってやる」と散々絡まれもした。

南部の方へ車に乗っけてくれると言った人はこないし、テントは乾かないし、何だか、どっと疲れて何もやる気がしない。昼は、もらったコロッケですます。糸満という那覇からバスで一時間の小さな漁村へ行く。

だれも似顔絵を頼まない。が、女子中学生に受けがいい。

スケッチを数枚する。女の人の股を象ったとされる沖縄の墓にはバカでかいのが多い。

銭湯で、テントを張れる場所をたずねると、そこへちょうどやって来たおじいさんがいて、その人の家に泊まる事になる。おじいさん（タクシーの運転手）が、幽霊の話をたくさんしてくれる。また、那覇にも糸満にも首里にも、至る所に「石敢《いしがん》當《とう》」[❖6]と彫り込んであるのだが、それは一種の魔除けで「石とたたかえ」（人間とたたかうな）という意味らしい。
老人の定番、戦争の話もたっぷりきく。お礼に似顔絵を描く。
老人、「色が濃すぎる」と不満足そう。

12/30

とおい国から、やってきた
おちゃめなモンキー、ピグミーくん！
くるくるしっぽをまきあげて
ユラユラユラユラユラ
ブランコあそび

恥ずかしがり屋のピグミーくん
あなたとお話ししたいんだって

と語るピグミーモンキーの他、家の中に、巨大硬貨や様々な時計・人形・おもちゃ・写真・工芸品が入り乱れ、ものすごいアナーキーとカオスがうずまいている。

しかし、庭を見た時、あたいは言葉を失った。ごまんと積み上げられた巨大な廃棄物の間や上を、あひる・にわとり・犬・猫が動き回っているのだ。

もう一日、泊まる事になる。三〇〇円出せば、お腹いっぱいたべられる沖縄の食堂は、えらいと思う。

銭湯をタダにしてもらう。

12/31

糸満市場で、似顔絵描きをやる。人は集まってくるのだが、いざ声をかけると、だれもが断る。恥ずかしいようだ。

結局、一人も描けないまま、むなしく島袋家に帰る。

じいさんに夕飯をおごってもらう。その後、じいさんと二人で銭湯へ行く。
この銭湯は、深夜になると幽霊が出るため、夜九時までしか営業していない。月に一度は坊主が来てお経をあげる、ありがたいお湯に一時間入る。
じいさんと将棋をさしつつ年を越す。新年のあいさつと誕生日（七六才）の祝言をする。

1990 1/1

朝から雨が降り続く。出発の予定をやむなく延期する。浪人生の友人数人に向けて年賀状をだす。五時ごろ、となりの家の人が、ごはんと天ぷらと煮物を持ってきてくれる。

（島袋じいさんの日記より）

実は満76であるが、その半分は不要で切り捨て38才とし、其の後は毎年一才づつ切り捨てる事にしている

（平成二年元旦）

十二月二五日から二九日までの日記を付ける。これからは毎日つけようと思う。あと、年賀状は「沖縄は、夏だ。うらやましいだろ」と始まるのだが、本当言うと、かなり寒い。

じいさんは、将棋に負けてかなりプライドを傷つけられたらしく、「こんな道楽やらん」と世界と政治の退屈な話を延々とする。

付記　便所の跳ね返りには悩まされた。

1/2

なおも雨が降り続く。島袋家に着いて、なんと五日目になる。いい加減、潮時のような気がして、少しの晴れ間をついて、じいさんに別れを告げ、名城《なしろ》に向かって歩きだすが、すかさずまた雨が降ってくる。

名城に近づくにつれ、あたりは一面のサトウキビ畑になる。浜を歩くが、さすがに水はきれい。ハブが一匹、圧死している。漁師や釣り人に似顔絵商売をするが、手応えはない。名城ビーチにいる二人に声をかけると、一人がOKする。

一〇〇〇〇円もらう。この二人とウイスキーを飲みつつ話をする。

一人は先に帰り、仲宗根真さんの家へ泊まることになるが、その前に、先に帰った人（たしか太田さん）の家に寄る。太田さんの家には客がおり、すでに太田さんは酔っている。

あたいは、お腹がすいているので、バクバク料理を食べる。そうこうするうちに、太田さん、目をむいて怒りだす。

「何だ、お前。一九才といえば、ガキだよ。ガキはガキらしく酒をのめ」

「何だ、お前。お前は、さっきから何をしゃべった？（太田さんの奥さんは、エバラ焼肉のたれに出てくる女優に似ている、とか話していた）。それが、目上に対する態度か。俺は四二才だぞ。四二才が一九才のガキのところまでおりていって、話をしているのに何だ、その態度は。えっ」

「似顔絵描きだぁ？　世の中を甘くみてるんじゃねえか！　俺は、お前みたいな奴が大嫌いなんだ。帰れ」

「えっ、お前は、何しにきた。何しにきたんだよ！　顔もみたくねえ。帰れ。早く帰れ。この家の主は、俺なんだ」

それで、あたいが「じゃあ、帰ります」と言うと、胸ぐらをつかんできたのだが……。結局、太田さんに何も反論しなかった。

それは、太田さんが酔っぱらっていたから（だからこそ本音をしゃべったのだろうが）ではなく、もちろん、反省や納得をしたからではなく、このような事に、あきあきしているからだ。また、このような事が三百年の人生にわたって続くだろうと思うと、うんざりしたためだ。

「年下は年下らしく、年上を尊敬しろ」というのが、太田さんの言いたかった事だが、それをあたいは、絶対、納得も理解も出来ない。また、この年上・年下が、男・女、地位、金などに変わっても同じ事である。こんな事を一九九〇年になっても書かざるをえない事は、とにかく、うんざりする。だいたい、中学に入って始まる先輩・後輩というのが、諸悪の根源だと思う。あたいは、先輩という言葉が口から出なくて、テニス部をすぐに辞めてしまったが、すがすがしい先輩・後輩関係ほど、気持ち悪いものはない。あたいは、高校生のころ中学生の女の子数人に、常に敬意を持って接していたのだが、そうすると、どうしてもギクシャクした感じになってしまうのだ。先輩・後輩という中で、先輩だけでなく後輩と見下される方も、安心するために喜んでそれを受け入れているのである。また、太田さんが怒っている間、あたいは、中学三年の時、担任が「お前は最低だな」と言って、「お前のほうが最低だ」と言い返した後の二時間に及んだ不毛の議論を、これまたうんざり思い出していたのだが、それを書くと長くなるので、やっぱり止めておこう。
　仲宗根さんの家に行き、夕ご飯をいただいて、お父さんの似顔絵を描いて寝る。

付記　仲宗根さんとパブに飲みにいき、泥酔した彼をかかえて帰った。母親は、「また今年も人を連れてきて」と嘆いていた。その後、太田さんが仲宗根さんに会いにやって来た。あたいは、顔を合わせたが話をしなかった。あと、部活を辞めたことの理由は誇張である。

1/3

　朝飯をいただいて、ひめゆりの塔まで送ってもらう。どうも気分がすぐれない。でも、来た以上、似顔絵をやらざるをえない。本を読みながら始める。三〇分ほどして客がくる。そして、

結局、四時間半で九人かき、もうけは七五〇〇円をこえる。

似顔絵が、こんなにもうかるなんて知らなかった、とホクホクして米須《こめす》海岸へ向かう。

米須海岸——今次大戦最大の激戦地で、最後に勝敗を決した海岸。この地に散った無名戦士約三万五千名の英霊……（ガイドブックより）[❖7]

あたりは一面のサトウキビ畑で、幽霊に出るなと言っても無理な感じ。集団自決したであろう洞穴も結構ある[❖8]。

物思いにふけった後、夕やみが迫ってきたので、テントを張ろうとテント布を取り出すが、肝心のテントポールがない。いくら探してもない。まっくらなサトウキビ畑を野犬に追われ、ついでに雨にも追われながら抜け、仲宗根宅へ電話すると真さん不在、部屋には鍵がかかっているとの事。一応、ひめゆりの塔まで引き返し、ポールがないのを確認する。バスを待つが、四〇分すぎても予定のバスがこない（沖縄でバスの時刻表はほとんど意味をなしていない）。ヒッチハイクをする。が、車が二〇台くらい素通りする。雨のひめゆり塔前という場所が悪かったのかもしれない。手押し信号で車をとめて、糸満まで強引に送ってもらう。

しかし、また糸満に戻ってしまった。仲宗根家で、うどんをいただく。また、真さんの妹二人は、乙女椿という沖縄民謡の歌い手さんで、沖縄では知らない人がいない程、有名な人たちである。正月公演で忙しい中、少し話す。練習をきかせてもらう。乙女椿の人たちは、当然、無茶苦茶、歌がうまく声もいい。また、長女の子どもたちも、公演の一演題として琉球舞踊を披露するのだが、その練習もみる。

沖縄では、至る所で沖縄民謡が流れ、日本のジャマイカと化している。

1/4

真さんの部屋でポールが発見され、ホッとする。あたいが起きだした頃には、乙女椿はもとより、夫婦、真さんも仕事にでかけており、用意されたうどんを一人で食べ、風呂に入る。風呂で手間取り、出発は十二時近く。

ろうそく立てを作ろうと、セメントを買いに、その種の店へ行く。ビニールシートがあったので、三メートル買う（似顔絵のカバーに使う）。そうこうするうちに、何か、どっかで見たことがある人がいる。あの人かな、まさかな、と思って近づくと、まさに、あの人で、両者とも絶句する。それは、船で、あたいのとなりのとなりに寝ていた人で、しょっちゅう、しゃべっていた石川さん、その人だった。石川さんが、バッテリーのとりかえなどの車の修理をしている間に、あたいは、ろうそく立てをつくり、ビニールを寸断し、売り場のお姉さんの似顔絵を描く。

その後、石川さんに飯をおごってもらい、バスにのり米須へ行き、海岸は止めにして、公民館前にテントを張る。

1/5

はっきりいって、夜、寒かった。しかし、今日はすごくいい天気で、寝袋を干しながらぼんやりする。その後は、ひめゆりの塔に行く。

しかし、二時間やって一〇〇〇円しかもうからない。

平和祈念公園を目指して歩く。しかし、米須のあたりで腹が痛くなり、コープのトイレに入るが、周りでガキどもが「早く出れ」を合唱したためもあって治まらず、腹痛をかかえたまま歩きだす。

平和公園には、夕方つく。テントを張ろうとすると、管理事務所のおやじが、事務所で寝ろ、と勧めてくれる。

近くの定食屋で、土方[❖9]のおっさんたちから、ビールや野菜炒めをおごられる。沖縄では、ビールは、ほとんどオリオンビールで、これは何だか水っぽい。

管理事務所のおやじは、終戦時は一五才で米軍の捕虜になったそうで、戦争の話をじっくりきく。日本軍同士の殺し合い、地元民と日本兵の殺し合い[❖10]、強姦、裏切り、など。

陰惨な話ばかりなので、つらいものがある。フケを大量にごはんに混ぜて食べさせると、下痢が止まらなくなり死ぬと言っていたが本当だろうか。

夜、警備の仕事につきあう。おやじのイビキが強烈にうるさくて、ソファーに移動して寝る。

付記　事務所で、おやじが大きな水槽に熱帯魚を飼っていた。一匹、尾びれや背びれがボロボロの魚がいた。怪我かと思ってきいてみると「他の奴にくわれているんだ」と答えた。

1/6

昨日の食堂で、野菜炒めを半額で食べる。

平和祈念資料館を見学する。展示は、公平さにかくれた曖昧さを排し、ハッキリとコンセプトを打ち出しているのが潔い。一時間半近くいる。

その後、ひめゆりパークに行くが、支配人が出てきて似顔絵描きを断られる。仕方なく先へ進む。

具志頭《ぐしちゃん》のコープで、北海道を残し自転車で日本一周し、もうすでに沖縄もまわった大阪のサイクリストに出会う。もう二十一才だが、「がきデカ」のこまわり君そっくり。顔だけではなく、ノリもほとんど同一人物。

　コープの弁当作りのおばさんの似顔絵を描いて、半額で弁当を買って、彼と具志頭公民館で寝る。

　彼は、すでに百万円の借金を旅行中につくっており、家へ帰るのを恐怖していた。また、会社には二週間の予定と言ってきたのに、もう半年以上、出社しておらず、首になっているのではと心配していた。

テントに目止め剤をぬる。

1/7

朝、彼（茂田誠）が、マーボーどうふをつくってくれる。これが、かなりうまい。再びコープに行く。

誠ちゃんが、お目当てにしていた二十一才のけっこう美人[❖11]の店員がいる。誠ちゃん、アタックをかけるが、基本的にこまわり君のノリを脱しきれないため無理のような気がする。

この店員の似顔絵を描く。

誠と玉泉洞という洞窟へ行く。似顔絵描きを案の定、断られる。腹が立って、玉泉洞見学（七百円）を止めようと思うが、全国名所人気№2だと誠が言うので、涙をのんで入場する。たしかに、すごい。が、だいたい色や緑や青のスポットライト、鍾乳洞にいちいちつくネームやコウモリの模型などで白ける。ほとんどなんの感動も感激もないまま外に出る。金かえせ。

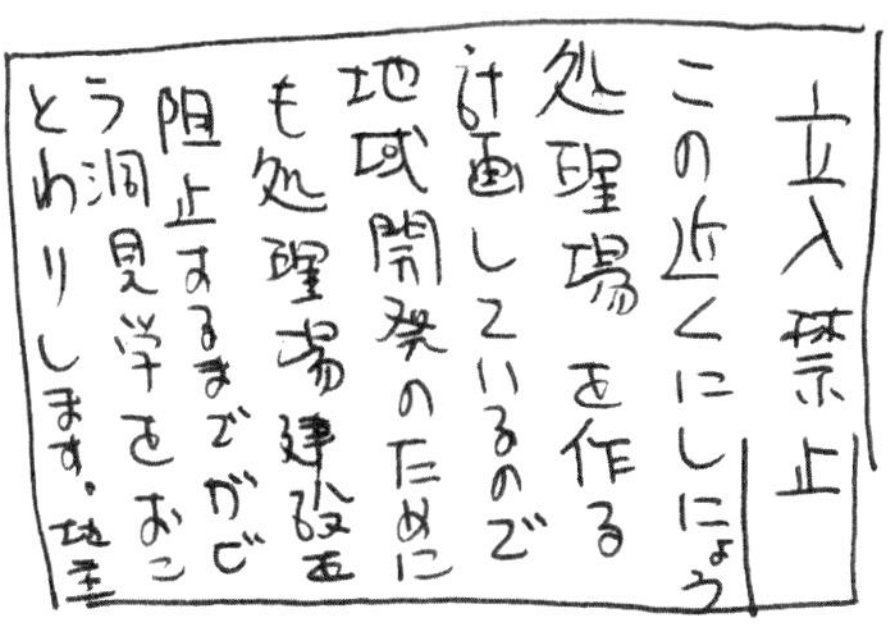
立入禁止
この近くにしにょう
処理場を作る
計画しているので
地域開発のために
も処理場建設
阻止するまでガビ
ラ洞見学をおこ
とわりします。地主

似顔絵描きを強引にはじめるが、すぐにバレル。

誠は、弁当を買うためというか、女の子に会いにコープへ行く。

ぼくは歩いて奥武島《おうじま》という島に向かうが、途中で、文字がかすれて判読が困難な看板を見つける。

あてずっぽうで小道に入り歩いていると突然、森の谷間にガビラ洞《がま》［❖12］を発見する。

中は、当然、真っ暗で、かなり寒い。道らしきものは奥へ奥へとのびており、少し怖くなり戻る。が、せっかくだからと思いなおし、懐中電灯に新しい電池を入れ、再び洞窟の中に入る。はてしなく洞窟は続く。何カ所か枝分かれしていたし、もう戻れないのでは、と心配になるが、まあいいや、とさらに先に進む。千羽鶴の切れ端などがあり、戦争時この洞窟でも何百人と人が死んだのだろうな、と思う。

怪人二十面相の少年探偵団と川口隊長を思い起こしながら進んでいると、突如、一条の明かりが差し込んだ。はい出てみると、目の前に牛の頭があり、びっくりしたのと同時に、ひとまず地上なので安心した。

リュックを洞窟の入口に置いてきたので、また戻らなければいけなかったので、牛飼いの人に道をきいた。彼は、洞窟が自分の家の前に通じている事を知らなかった。また、畑作業している人にも道をきいたが、彼も抜けられることを知らなかった。彼から、サトウキビを二本もらう。サトウキビは、みかけは竹みたいだが、固い表皮をむくとやたらにジューシーで、当然甘くておいしい。キビを食べ食べ、奥武島に向かう。

誠と観音堂前で泊まる。

1/8

誠と島一周をする。

誠は、石垣へ行くために昼頃、旅立つ。

午後、スケッチをして過ごす。同じ場所で寝る。地先の島である奥武島には神々が多い。また、産井戸《うぶがー》という産湯と死んだ時に使うための井戸を発見する。沖縄では門中という同族組織があり、一族の神をまつっている建物を庭に造っているのをよくみる。また、たいていシーサーは門の上、及び屋根に安置するし、「石敢當」も、どこへ行っても五～一〇メートルおきにあ

る。これほど信仰が形だけにしてもあついのは日本では他にないのじゃないか。

1/9

朝、テントを乾かしていると、近所のおばさんが、ムーチー数個とたまご焼きとポークを持ってきてくれる。ムーチーというのは、いい匂いのする葉に包んでいるモチで、正月につくるものらしい。これは、とても美味。いままでに二〇個はもらっていると思う。

スケッチしつつ歩く。百名公民館前で泊まる。夕食はパンに納豆をはさんで食べるが、ひさしぶりの納豆のうまさに感動する。

夜、テントの明かりを火の玉と勘違いして、おばさん数人が来る。

1/10

昨晩はすさまじい豪雨と暴風で、テント上空で台風がにわかに発生したようだった。しかし、目止めをしていたために雨もりはなく満足するが、朝になっても断続的に雨が降り続き、テントを乾かす間がない。

コープで電話をかり、家にかける。元気な事を伝え、あわてて切る。

生乾きのテントをリュックに押し込み、とりあえず出発する。受水走水（ウキンジュハインジュ）という、アマミキヨ（琉球の祖神）がニライカナイ（海のむこうの理想の国）から、はじめて稲を持ってきたとされる場所に行くと、中年の女の人がささげものを持って、お祈りをしていた。よくユタ（巫女）の人が来るという。一つの集落に一人くらいユタがいて、彼女が祖先を呼び出す事や占いを今も行っていて、かなりの支配力を持っている。

浜に行くと、黒っぽい服をきた人々（老人）がいるので、何事かと思ったら、昔、南方で死んだ戦友の慰霊を行っているとのことだった。

近道をしようとヤブ道に入っていくが、途中から全く道はなくなり、ジャングルのように木の枝はからみあい、下草は腰まで茂る状況になる。ハブがいないはずがない。

平和公園の管理のおやじは、一週間前、一五〇センチくらいのハブを車のタイヤにまきこん

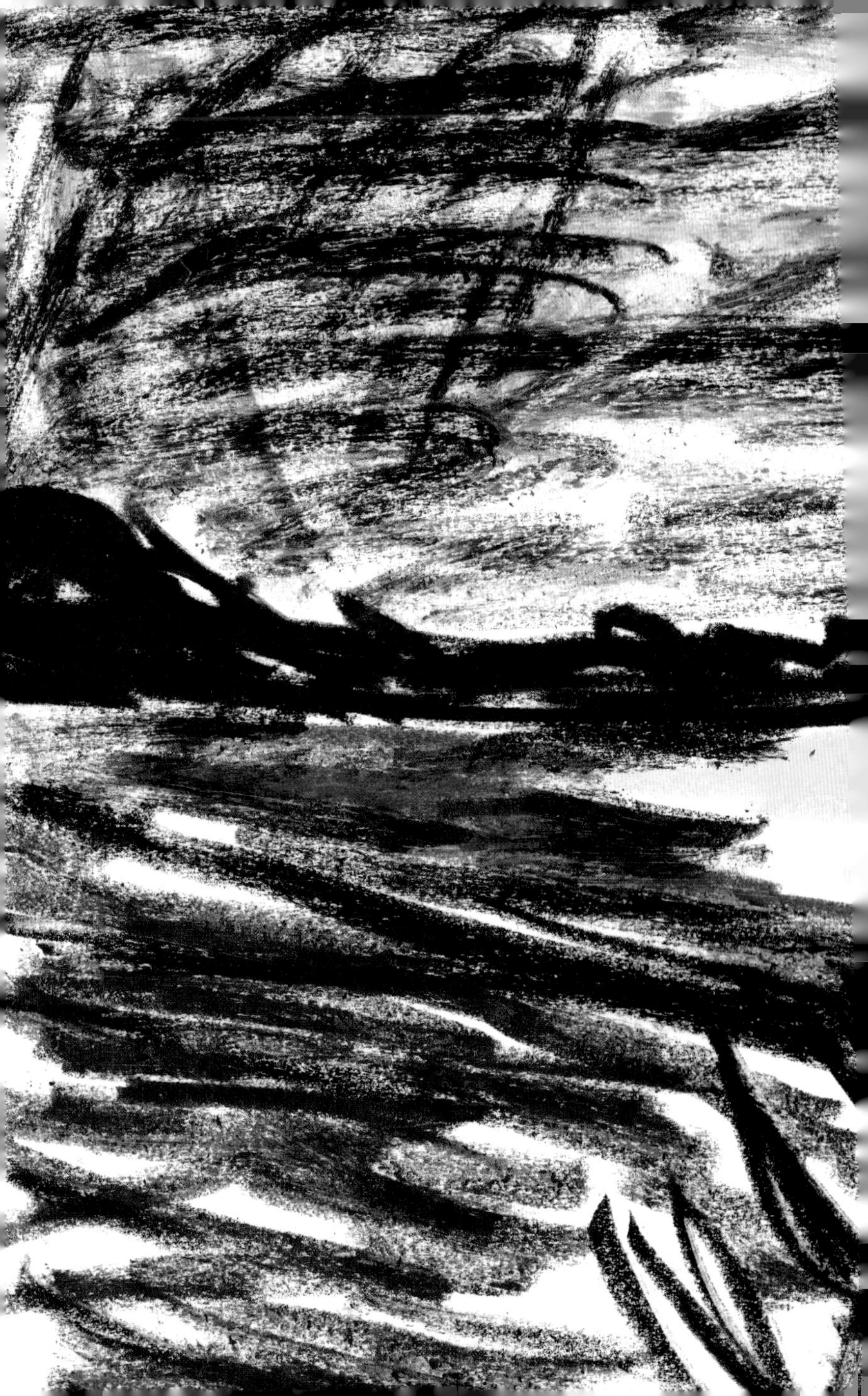

で殺したと言っていた。木の枝をにらみ、草をたたきながら恐る恐る前進する。やっと車道に抜けた時は、全身に草の種がひっついていた。

泊まるのに適当な所が見つからず、知念岬にある体育館前に、夜八時ごろ到着しテントを張る。

1/11

アマミキヨが久高島から移り住んだという「斉場御嶽《せーふぁうたき》」に行く。それらしい雰囲気はある。半径二メートルくらいの水たまりに、それこそ何百匹というサンショウウオ（？）が大量発生している。

今日は、異常なくらい、いい天気。日向には暑くていられない。が、これこそ、あたいが沖縄に求めていたものだと思うと、日陰で休んでいるのも、もったいなく、太陽の下をうろつく。

便所の手洗いで洗濯をする。前向きな事をしている喜びはあるものの、かなり疲労する。

コープに買い物に行くと、いつもながら話題のタネになる。田舎に行けば行く程、ヒマを持て余している人々に笑いを提供するだけの存在になっていく。それは、レジのおばさんの「ちんどん屋かと思った」との言葉に集約的に表現されているだろう。しかし、この時は、タネが実を結んでレジの女の子を一人描く。

道を歩いていると、車の中から「似顔絵を描いてくれ」と注文がくる。その人が勤めている社会福祉センターに行って似顔絵を描く。珍しく評判がいい。ヒマそうな職員の人たちとビールをのむ。なぜか猥談になる。シャワーをあびさせてもらう。

一週間ぶりのシャワーで、身も心もすっきりする。フロあがり、再びビールをのむ。イカのつまみがうまい。全員、自

己紹介をする。
その内容が、三越の社長（つかまった奴）と食事を共にしたとか、プロ野球の選手と酒をのんだとかなので白ける。これまでも沖縄の人の多くに、一体なんで自慢になるのか分からないような、この種の自慢をたくさん聞かされているのだが、これは純粋ゆえに単純な精神に由来するのだろうか。あたいは、イヤだ。
さらにいえば、このような旅行をしていると必ず「若いうちだけだよ」とか「思い出作りだね」とかいう言葉をはげましとして言われるのだが、これもあたいは、イヤだ。旅行をいつまで続けるかとかいうことではなく、このようなやり方・精神で、三百年の人生を生きていく、そのためのむしろ準備体操の、そのまたアキレス腱のばしにすぎない小旅行において、このよう

な言葉は実に退行的に聞こえる。

このさいだから、さらにいえば、さっきの言葉は直接「いつまでもこんな事をしてるとバカと言われるよ」とか「少しは、社会や他人のための事もしなくちゃね」という風に展開するのだが、あたいは本当にイヤだ。特に、後の言葉がイヤだ。この言葉を聞くと（しばしば聞くが）あたいは、他人のために生きている人が、ぐるりと円になって、「他人のため」が円環になっている、まるで二匹のヘビがしっぽをくわえあっている図が頭に浮かぶ。

あたいは、「やりたい事をやる」ということだけが、社会や他人のためになる行為だと思っている。直接的な迷惑はあるかもしれないが、それは、社会や他人に対して「はげまし」のメッセージになると思う。あたいが「はげまし」を感じている人は、みな、「やりたい事をやった」あるいは「やっている」あるいは「やろうとしている」人である。自分に即して言うと、やりたい事をやっていない時や、わからない時、意地が悪くなる。これこそ他人の迷惑ではないか。

1/12

福祉センターで朝食をいただく。ひさしぶりの温かいごはんに感動する。今日も、くそいい天気で、あたいは日陰にかくれ、代わりに洗濯物に日向に出てもらう。

一人でゲートボールをやっている老人(喜屋武《きゃん》さん)と話をする。
　喜屋武さん、似顔絵のサンプルをもたなくちゃいかん、としつこく言う。しかし、サンプルなど見せていたら、客が一人もいなくなることは明白である。描いている似顔絵を見て、それまで描いてもらうと言っていたはずの人がどこかに消えてしまうのは毎度の事だが、描きかけ、あるいは完成した絵をみて、「私も」と希望する人は、まだ誰もいない。
　喜屋武さんの全身像を描いて、それをあげる。洗濯物を取り入れ、出発する。スケッチしている時によってきた女の子(五才)の似顔絵を描いてあげる。お礼にビスケットをくれる。公園で寝る。

1/13

朝起きると、となりの家の窓から、おばさんがコーヒーでも飲んでいかないか、と声をかけてくる。もちろん飛んでいく。しかし、コーヒーはよしてお茶にしてもらう。朝食もだしてくれるつもりだったようだが、あたいはすでに、しょう油なし（付いてなかった）の納豆サンドイッチをたっぷり食べていたので辞退する。くやしい。

久高島へ行く予定だと言うと、おばさん（魚屋さん）も久高島に行くかなんかするみたいで、何だか分からなかったのだが「ぼくも一緒に行きます」と強引に話を決めてしまった。なんだか分からないまま荷物をまとめ、おばさんの車に乗り込んだ。すると、魚市場に着いた。しばらくするとセリが始まった。魚を降ろしたあと久高島に帰る漁船があるから、それに乗っけてもらえ、というのが、おばさんの話だった事をさとる。

セリが終わった後「船を描いてくれ」とおじさんから頼まれたのだが、描くとなると時間もかかるし、と思って断った。しかし、これは、明らかにあたいの失敗である。悔やまれる。なんとしてでも描くのが、人の道である。しまった。

漁船・吉良丸に乗って、久高島に向かう。海は時化でトランポリンに乗っているごとく揺れる。しかし、こんなのは揺れに入らねぇ、と吉良さんは言う。日頃は、久高から一時間くらい

の沖でカツオの一本釣りをやっているそうだ。

二五分くらいで久高島につく。神々の島と呼ばれている久高島だ。アマミキヨが、ニライカナイから、初めて降り立った島とされている。芝生で昼寝してからスケッチしたりする。気に入ったので、二、三日いようと思う。

夕方、久高海運や漁師の人に混じって野球の練習をする。

1/14

いたるところに拝所《うがんじゅ》がある。また、ノロ[❖13]らしき人々もいる。今年の十二月末に、十二年に一度の秘祭・イザイホーが行われる。女の人たちは、かごやたらいを頭の上に乗っけて運んでいる。

スケッチの帰り、無人民芸館なるものを見つけ休憩する。岡本太郎著『沖縄文化論——忘れられた日本』を拾い読みする。いつもながら楽しい。男子禁制の所が随所にあるのを地図で知る。また、風葬を行っているらしく、しゃれこうべの転がっている写真もある。今も行っているのか、明日きいてみよう。

昼飯をくいにテントに戻り、中をのぞくとアリがいる。テントの中のリュックをどかすと、アリがドヒャーといる。しばらく言葉を失う。テントの底は穴だらけだ。小さな赤アリが、テントに穴をあけまくっていたのだ。一体、どういう事だ。小学校のころ、ケツに入ってかまれて痛さに泣いた時以来の宿命の敵、赤アリがまたしてもやってくれた。気を取り直して調べてみると、テント内に放り出してある甘いムーチーや食料には見向きもせず、ただの通り道として穴をあけたらしい。これは、悪意があるとしか思えない。

しかし、通り道にしては、どうして、こんなおびただしい数のアリがいるのか。不条理。どっと疲れてしまい、昼飯をくって昼寝をしてから、ようやく補修を始めた。目止め剤でいちいち穴を埋めていったのだが、結局全部で、五〇以上（あるいは一〇〇）あっただろうか。

同じ公園内のちがう場所にテントを張ったのだが、夜の間にまたアリにくわれないか不安である。

1/15

アリにくわれてなくてホッとする。

朝、島をあげて掃除をしている人達が集まっているので行ってみると、地面（砂地）に波形の跡がついており、それは海ヘビの通った跡だという。スケッチをするが、雨が降りだす。

おばさんやおばあさんの知り合いはたくさん出来たのだが、みんな顔が似ていて、だれがだれだか分からない。沖縄本島でもそうだが、おばさんを先頭に女の人ばかり元気よく、男は影がうすい。それも、本土とちがって昔からそうだったんじゃないかという気がする。頼んで無人民芸館に泊まる事にする。

天気予報をみて、東京の最高気温が那覇の最低気温より低いのを知り、これは沖縄に行くしかない、と東京を出発して、はや三週間、あたいの旅行も、そろそろ本番というところだろう。でも、電話で恭平（兄）の声をきいたら、どっとなつかしくなってしまったが。

1/16

民芸館において、桜ちゃんという五才の女の子とおはじきで遊ぶ。元来、小さな子と遊ぶのが苦手なのだが、ふとっ腹の桜ちゃんはあまり気にしない。

その後、小学校、幼稚園などをひきまわされる。桜ちゃんの似顔絵を描く。チョコレートを半分くれる。お母さんがやってきて、桜ちゃんを連れていく。

猫がいじくってた半開きのカンヅメをくう。店の人からムーチーやダイコンの煮物をもらう。

今年はイザイホーの年なのだが、中止になるそうだ。

四時の船に乗りおくれる。風が強い。

1/17

朝、起きるとまたもや、アリがたくさんいる。あわててテントをひっくり返して補修する。さらに二〇カ所ほど穴がふえる。補修している間に、桜ちゃんと男の子と幼稚園の先生が遊びにくる。あたいは男の子をずっと桜ちゃんの弟だと思いこんでいた。

桜ちゃんと男の子が先生にそそのかされて、久高民謡を歌う。その後「うちの父ちゃんはサラリーマン♪」という歌をうたう。園児が二人しかいないせいもあって先生も、どうみても二人のお母さんにしかみえない。かげふみなどをしてる。その後サッカーに誘われて、桜ちゃんと組み、勝利をおさめる。

スケッチをする。ムーチーは二度むしてあり、味噌みたいな味がするが、がまんして食べる。おばあさんたちと談笑する。しかし、沖縄は、おばさん〜おばあさんの存在感が男たちを圧倒している。おば（あ）さんたちは、おおらかで心が広く、いつも大きな声で笑ってる。それでいて威厳がある。石垣新空港建設反対で野良着のまま機動隊と闘っていた、あのおばあさんたちが沖縄中にあふれている。その反面、男たちは、いじけたかんじがする。投げやりになるか、

つまらぬ価値にしがみつくか、人がいいだけに影がうすい。これは、沖縄のなにもなさという岡本太郎の言葉が的を得ていると感じさせる。本当に何もないという感じ、それが両者をそうさせているのだろう。

四時の船で馬天《ばてん》に行く。与那原《よなばる》まで歩いてる途中、車が止まり、似顔絵を描いてくれ、と若い男が言う。この人は、おにぎりをくれた知念のコープのおばさんが、「息子も自転車で九州一周した」と言ってた、息子さんその人であった。おばさんから、あたいの事をきいていて、看板をみて止まったのだという。

一〇〇〇円くれる。沖縄国際大学のサークル「旅」に絶対来てくれ、と何度も念を押される。文房具店に入ると、また似顔絵をたのまれる。その前に、パンやスープを出してくれる。

小学校二年生なのだが、描いてる途中、いきなり涙を流しだす。「じっと座っていると涙がでてきちゃった」と言う。この子は、将来有望だと思う。この子の遊び友達も描く。

一六〇〇円。果物をもらって退散する。

この前、泊まった那覇の公園はゲイのたまり場だという話を聞いて、どうりで夜うろうろしている男が多かったはずだ、それも男女のカップルはいなくて、男のカップルばっかりだったのもそういうわけだったのかと合点がいく。

メシをくいに入った店は飲み屋だったらしく、みんな酒をのんでいる。

おやじが、似顔絵を描いてくれ、と言う。いちいち画用紙を文房具屋まで買いに行って描く。一〇〇〇円。店のおかみが、酔っ払いがくるから公園はやめて福祉センターに泊めてもらいな、としつこく言う。

センターわきの芝生でテントを張る。思いがけず、金が増えてうれしい。

1/18

朝、いきなり隣の町役場から大音量で夕焼け小焼けが流れだし、あげくに「よいこのみなさん、もう、お家に帰る時間です。まだ遊んでる子をみつけたら声をかけましょう」とアナウンスがわめいたので、テントの中で一人で笑う。田舎はだいたいそうだが、大音量のアナウンスが朝夕流れる。

弁当で腹ごしらえして首里に向う。途中、サトウキビ畑で休んでいる人にたのみ、サトウキビをもらう。それをくいつつ歩く。くそ暑い。

車の中から声をかけられ、となりに座っているおばあちゃんを描いてくれと頼まれる。息子さんが、病気の母親を散歩に連れていってる最中だったようである。二人とも、いかにも人がよさそう。一四〇〇円くれる。さらに、そばをおごってもらう。有名な店らしく、大きな店内は、超満員。そばも、すごくうまい。おばあちゃんのそばも、半分以上あたいが食べる。もともと腹がすいていなかったので、身動きできない程、満腹になる。八重山に行く事を強くすすめられる。あんこもちをもらい、別れる。本当に、今日は暑い。

やっと首里の守礼の門[❖14]につく。団体客でごったがえしている。地元の人が拝所で正座をして祈り事をしているのに、ドタドタと団体客のじじいやばばあが乗り込み、さらに、祈り事をしている人に向って、「何を祈ってるんだ」とか声をかけているのには、あきれた。頭はあるのだろうか。
不愉快な気分のまま店を開くが、観光業者は、ここにあまり時間をとってないらしく、パッときて写真をとって、ガイドの説明をきいてドッと去っていく。さっきのバカ野郎も東北弁だったが、東北の客が多い。客は一人もつかないまま日が暮れていく。
日本民芸館や首里の森ギャラリーへ行く。ギャラリーのおばさんが、高校生のころ行った西表島の話を、えんえん、してくれる。

ひさしぶりに銭湯に入る。

テントを張る場所が見つからず、ウロウロ歩きまわる。

島崎公園に泊まる。中学生が二〇人ぐらいでたむろして煙草をすっている。たむろして煙草をすっている中高生というのは、沖縄では夜、よく見かけるのだが、これは彼らのシンボル的な行動なのだろうか。しかし、このたむろした感じを延長すると、沖縄の大人がたむろした感じにそのままつながっている。

何か親しげに話しかけてくるタクシーの運転手がいるから、知っている人だと思って話していたら（あたいは人の顔が覚えられない）、ただの客引きで、しまいには「ソープであそんでいこうよ」と言いだす。時間の損をした。

博物館は休みで、爪の絵を描いたお店に行く。おやじは留守で、「おきゃんな」奥さんがいる。爪は意外にうまく出来ていて、店の中につるしてあった。カレーをまたおごってもらうという目当てが外れて、早々に退散する。予定より全然早く那覇に到着してしまう。

つかれているので、すぐに店を開く気になれず、本屋で美術・音楽雑誌を立ち読みする。なにか急に、東京の生活へと自分が収縮していく気がする。ひさしぶりに、この手の雑誌を見て、芸術界の心のせまさを如実に感じる。その心のせまさは、当然、あたいも共有しているものなのだが、ここは、あえて心を広く芸術をやるべきだと思う。

なんだかますますつかれ、那覇の街をうろつく。ブラジル料理の店に行き、似顔絵を描いたおやじに再会するものの、おやじ忙しそうで早々に退散する。

平和通りでは、立ち売りはもうできなくなったらしく、三越前で店を開く。一人も客がつかない。

画材屋に行くが、クレパス四〇色はない。沖縄全島で画材屋は、二、三軒しかないと思う。そのわりにはギャラリーはたくさんあり、見てまわるが何一つ面白い絵はない。

古本屋で、ソルジェニーツィン『イワン・デニーソヴィチの一日』、フロイト『精神分析入門』、ヘッセ『ペーター・カーメンチント』を買う。百円にしてくれる。かわりに、読み終わった、大江健三郎の『ピンチランナー調書』をあげる。これは、中学の時、一度読んでいるので、二回目だったが、自分を引きずり上げ引きずり上げ奮い立たせて書いているような印象をうけた。吹っ切れないまま無理してがんばってるような大江健三郎を、あたいはかなり好きなので、今後もがんばってほしいと思う。作風は違うものの大江の後継者とみている高橋源一郎は、何か本をだしたみたいだけど、期待できそうもないな。ソルジェニーツィンを読み始めるが、あまり面白くない。内容が似てるだけに、ドストエフスキーの『死の家の記録』の面白さとくらべてしまうが、どうも乗れない。

雨の中、テントを張り公園で寝る。

1/20

今にも雨の降りそうな、いやな天気である。風も強く、かなり寒い。テントを干した後、郵便局へ手紙をとりにいく。恭平と母親から一通ずつ来ている。なつかしさがこみあげる。

三越前で店を開こうとするが、店員に「やめてくれ」と言われる。仕方なく、シャッターのおりているアイスクリーム屋の前で店を開く。

酔っぱらいが一人絡んできただけで、皆、物珍しそうにこちらを見つつ通り過ぎていく。じゃくばくたる気持ちになる。しかし、あたいはこの「じゃくばく」な感じが、大好きである。あとは、しゃべっている時におとずれる、居心地の悪い沈黙、あの白けた緊迫感も大好きである。そんなわけで、いよいよ雨もぱらつき出す。

となりのキャロットという、トレーナーなど売ってるお店のマダムといった感じのおばさんが、コーヒーをもってきてくれる。マダムとしばらく話す。最近ふえている台湾の観光客が、消費税を払わないと言って、なげく。この店の店長が、「沖縄何とか」という漫画雑誌に描いた四コママンガを読む。ちっとも面白くなくて、対応に困る。もらったコーヒーはドブに捨ててしまった。あたいは、コーヒーが苦手で飲めないのだが、この旅行の間にも三、四回はコーヒーをおごられ困っている。ふと宮古へ行く気になる。調べてみると今日の夜八時出航なので、あわてて用意する。

沖縄名物「足てびち」を食べる。これは、豚の足を煮たもので強烈に油っこい。量も多いので、頭がボーとする。

銭湯に入る。倒産品センターという怪しげな店に行き、クレパスほか小物を買う。港の手前で、車から、似顔絵を描いてくれと頼まれるが断る。すると、帰りに絶対寄ってくれ、とその「菓子屋」のおやじに言われる。兄の学割証で、学割にしてもらい切符を入手する。

船内はガラガラで、みなすぐに眠りだす。あたいも疲れているので、メシをくってねてしまう。

あたいのルンルン沖縄一人旅　宮古篇

1990年1月21日～2月5日

1/21

朝、六時ごろ宮古につく。

まだ外はまっくらだ。本島より南にあるだけに、二、三度あたたかいようだ。近くの弁当屋でめしだけ売ってもらい、納豆をくう。幸せ。またもや、コーヒーをおやじにおごってもらいそうになるが、やっと断る。ぶらつく。図書館に入り手紙を書こうとするが、疲れがおそい、ねむってしまう。頭がぐわんぐわんする。それでも手紙を書く。

宮古の平良《ひらら》をぶらつくが、人気がない。カママ嶺公園へ行って、テントを張り、睡眠をとる。表では、老人たちがゲートボールとゴルフをくみあわせたようなゲームをやってキャーキャーさわいでいる。

夕方、あたりを散策する。高見台へとのぼってみると、ガサゴソと音がして、みるとカップルが座っていて、男の方がしきりにわざとらしい咳をするという、ドラマにまぎれこんだような情景が展開されているので、一人笑う。

1/22

雨がふっている。

このような旅行をしていると、考え方が非常に単純になり、心の動きも天気が大半を支配するようになる。

少しの晴れ間を利用してテントを干す。掃除しているおばさんたちが、一〇〇〇円くれようとするが、あたいは強引におばさんの似顔絵を描く。結局、一五〇〇円もらう。また、果物も、もらう。

公設市場で、長いやりとりの末、ヤクルトおばさんを描く。やはり、宮古でもおばさんたちは、ファンキーで笑いが絶えない。七〇〇円しかくれない。菓子をくれる。

雨はふったりやんだりである。昔、この石の高さになったら税を払わなければならなかったという一五〇センチくらいの人頭税石のところで昼めしをくう。大型観光バスが目の前に何台も止まっては行ってしまう。雨のため、人は降りない。

車が止まり、似顔絵を描いてくれ、と頼まれる。人頭税石近くの休憩所で描く。

二日酔いで、会社をさぼってブラブラしていた、という。自動車修理会社の専務で大里さん。

大神島へ行く島尻という港まで車で乗っけてもらう。

三五〇円の弁当はうまいか、について討論する。宮古そばをおごってもらう。沖縄そばもだが、メンは内地のうどんに似ている。宮古そばは、沖縄そばよりこってりしていて、おいしい。メシをくったばかりだったから腹が苦しい。

ものすごい暴風雨で、海は台風なみにあれている、と三〇才くらいの女の人が言うが、この人が大神島の部落長であった。しかし、船はさほど揺れずに大神島につく。

大神島というのは、面積〇・二平方キロメートルほどのピラミッド型の小島で、住民も七〇名余り。なんとなく面白そうで、宮古にくる前から行きたいと思っていた。

空き家があるから、そこへどうぞと部落長に連れていってもらうが、戸を開けるとネズミがかけまわり、フンが散乱している。空き家の庭の芝生にテントを張る。

一軒しかない店にかんづめを買いに行くと、そこのおばあが、上がれ、と言い、結局、夕飯をごちそうになる。ただでさえ腹がすいてないうちに、強引にごはんを二杯もるので、死にそうになるが、全部食べる。

神に通じる司（つかさ）の話をしていて、大神島の司は何歳ぐらいですか、と尋ねると、私だよ、とキヨばあさんは笑う。司の仕事をきいたりする。一八年前、五〇才の時、ユタに言われて司になったそうである。祭りをやったり、村人の悩みをきいたりしているが、日頃は畑を耕しているそうである。他にも色々勉強になったが、民俗調査をしているわけではないので、深入りはしなかった。

森の中には、年に一度しか男が入れない所がいっぱいあるので、森には行くな、と注意される。久高島よりずっとこういう風習は残っているようである。

天皇がテレビに出るとおばあは正座する。おじいはこういう事に少し批判的なようで、一〇人も子どもがいるという話の時に、「うめよふやせよ」とつぶやいたりする。おばあ、南こうせつと一緒に歌をうたう。食パンがないので、明日の朝のごはんをパックにつめてもらう。

ものすごい風の中、テントで寝る。

1/23

かんづめをくって、空き家の持ち主である向かいの家へ、便所をかりに行く。まあ、上がれということになり、ジェームス・ブラウンというか浜田幸一に似た比嘉さん（おばさん）から、朝ご飯をいただく。またもや強烈に腹いっぱいになる。サチばあさんと二人で暮らしていて、比嘉さんの夫は、平良の会社で滅多に帰ってこないそうだ。この島には、若い人は一人もいない。だいたい高校がないので仕方がないのだが。

ジェームス比嘉がタコをゆでるというから、つきあう。雨が降っていて、かまどの火があたたかい。サチばあを描きに行くが、ばあの片目が白内障でつぶれているから、それをいやがって断られる。

キヨばあさんを描きに行く。また、メシを出してくれる。とにかく、死を覚悟して、食べる。キヨばあさんを描き、つづいておじいも描く。ここのこたつに入って、のんびりする。雨が小降りになったすきに遠見台へ登るが何も見えない。今日は本当に寒い。夕食を比嘉宅で食べさせてもらう。

1/24

今日はどうやらいい天気である。比嘉宅で朝食をいただく。おばあが、どこへもいけない、等々ぐちをこぼす。

スケッチをする。

島の人は、ほとんど総出で道や港の掃除をしている。離島振興センターなるものの完成パーティーを二七日に行うからである。タコもそのときのためのものである。基本的に道は一本しかないので、息苦しく感じる。今まで何となく敬遠していたサバの味付け缶詰がうまい事を発見し、うれしくなる。

大神

夕方、テントにいると、子どもたちの襲撃をうける。テントに入れてあげる。

また、比嘉宅で夕食をいただく。

夜、おばさんたちがパーティーでおどる、おどりの練習をするというから、行ってみる。誰を前にするか、などの問題で笑いが絶えない。特に、ジェームス比嘉は恥ずかしがり屋で、百年まえの一八才の娘でも、こんな恥ずかしがり屋はいないだろうと思われる。花笠音頭や、海の男がどうしたこうした、というおどりや大神音頭などを練習する。大神音頭で、「島の娘が手で招く」というところにあわせて、五〇才以下のいないおばさんたちが手招きするのは、強烈なものがあった。スケッチをして見せると、喜ばれる。テントで寝る。

1/25

ジェームス比嘉は、「アーサ」という海草をとりに行ってて、おばあがみそ汁を作ってくれる。キヨばあさんにあいさつして、一時の船で島を去る。もう一、二日いてもよかったのだが、こう毎食いただいていては、さすがのあたいも心苦しいし、森へ行けないとなれば、スケッチする所もあまりないのだ。

「アーサ」をとってるジェームスに礼をして、池間島への船の出る狩俣港へ行く。

船の中で、おばさんに似顔絵を描く約束をする。

池間島は、大勢住んでいて、面積もかなりある。子どもらに連れられて公民館前にテントを張ろうか悩んでいると、さっきのおばさんがやってきたので、似顔絵を描く。

このおばさんの友人のおばさんが、公民館を借りる交渉をしてきてあげるから、と言って去っていく。しかし、一時間以上待っても、おばさんはやってこない。自治会長の所へ直接たずねて行くと、そんな事を頼みにきた人はいない、と言われる。とすると、あのばばあは何だったのか。

公民館は、貸してくれるという。公民館の前の建物（旅館）でやっている宴会にとび入りで参加する。これは、宮古島と池間島を結ぶ橋をつくっている人々の宴会で、似顔絵がやたらにうけ、六枚描いて四五〇〇円もらう。鍋をたらふくくい、泡盛をのむ。

あたいは、こういう宴会は嫌いなのだが、特に仲間うちだけで酔って騒いだりするのは、すごく嫌いなのだが、背に腹はかえられない。結局、この旅館でねてしまう。

付記　宴会にて

隣に座っていた五〇くらいのおやじ「女の子を紹介してくれ。俺、春に東京へ行くから、女の子を一人わけてくれよ。一番嫌いな子でいいから」

三〇才くらいの人「みんな小川君に期待してるんだ。じゃなかったら、こんな子どもみたいな絵に五〇〇〇円払ったりしない。俺たちは、毎日計算ばかりで数字とにらめっこして、確実にもうかる事しかやらないのに、こうやってお金出してるんだ。俺からみると小川君は非現実なんだ。期待を裏切っちゃだめだぞ」

1/26

朝、風呂に入れてもらう。朝飯も、いただく。天気がいいのでスケッチをする。

夜九時ごろ自治会長が、ごはんをもってきてくれる。考えてみれば、毎日いろんなものをもらっている。沖縄を旅行してきた奴にきいても、そんなことは言ってなかったから、あたいは、何かこの方面に才能があるのかもしれない。似顔絵より物乞いの方が収益が上がるのではないか。

1/27

差し入れのメシをくい、自治会長の家に行く。会長の奥さんが、破れている服ではなくて、これを着た方がいいと青のジャンパーをくれる。

池間中学校の生徒が俳句の全国大会で入選し、かつ中学校自体も団体入選したので、そのお祝いを一〇時からやるという。かなり迷ったが、似顔絵の看板をもって、中学校の体育館に乱入しようとするものの、受付のPTA会長という感じの嫌味なおばさんに犬のように追い払われる。ムカッとするが、まあ、退散する。入選した句というのは、「さおしなり　カツオが空で鳥になる[❖15]」というものである。悪くないが、面白くも何ともねぇぞ。いちいち、でっかい石に刻む程の句だろうか。

雨が降り始める。散歩している途中、似顔絵を描いた工事の人たちの車に拾われ、事務所へ行く。彼らは、だいたい二〇代、三〇代なのだが、お茶を飲みつつ話をする。表の掲示板に、似顔絵が貼ってある。事務所の黒板に赤と白のチョークでアートをする。その前で記念写真をとる。

いつの間にか雨は、滝のような豪雨になっている。となりの事務所の人の似顔絵を描くことになり、道具を公民館に取りにかえるが、道は川のようになり、服は傘をさしているのにズブぬれ。雨が小降りになったら行こうと思いつつ、激しくなるばかりなので、結局六時ごろ行き、鍵がしまってるのを発見した。その間に日記を一〇日分くらい書く。

ブルーハーツが大音量でかかっていた。

1/28

朝、自治会長のところで朝飯をいただく。エビの天ぷらなど。一杯目のあずきご飯はおいしかったが、二杯目の赤飯には圧倒された。東京では、一杯目のあずきご飯を赤飯と呼んでいるのだが、池間では、赤飯は赤飯、まっ赤というかまっピンクなのだ。それも合成着色料で、白米を染めているのだ。気持ち悪い、と言うと、これが気持ちいいのよ、とおばさんは不思議がっていた。でも、とにかく食べる。

畑の方でスケッチしていると、オートバイの兄ちゃんが、サトウキビを倒しているところまで乗っけてやると言い、サトウキビをとりいれしているおばさんたちを描く。とてもファンキーとしか表現できないノリで、サトウキビのとりいれを手伝うとおばさんたちに次々と求婚される。サトウキビやモチを大量にもらう。今日は、旧正月なので、早めに仕事を終える。宮古と池間を結ぶ池間大橋にかける住民の期待と不安は、かなり大きいものであることが分かる。どうりで、宴会の時、カラオケをやっても文句がこないわけだ。

スケッチをしている途中、雨が降り始め、公民館にもどると、その軒下で中高生が雨宿りをしていたので、中へ入れる。おばさんのパワーの後では、彼らはとてもおとなしく思える。

工事の事務所へ明日似顔絵を描きに行くと予告しに行く。夕食を会長のところでいただき、一〇時まで、おばさんやおじさんと話して過ごす。おばさん、鍋をこがし、「変な臭いがしておもしろいわ」と喜ぶ。

付記　おばさんたちをスケッチする前に、畑の小道を歩いていると、おばさんたちがキッとして、「何しに行くんだ。そっちへ行くな」と言う。旧正月の神事で、入ってはいけない場所がたくさんあるのだなと思った。

1/29

朝、自治会長のところで、メシをいただく。

昼頃、事務所に一人でいるおばさんを描く。一〇〇〇円。

夕方、再び事務所へ行き、似顔絵を二枚描く。未来の巨匠という看板をつくって、写真をとったりする。その後、宴会に移行する。非常に楽しい宴会であったが、照間というおじさんが酔っぱらい、コップを数個破損した上に、嘔吐した。

夜の十一時頃、会社の寮で夕食を食べる。胃をならすために、一時ぐらいまで起きている。

1/30

朝一〇時半頃、眼がさめる。赤さびた缶詰で朝飯をとる。

親や友人などに手紙を書く。昨日も今日も雨。胃の調子が悪い。

雨が上がって、スケッチに出かけようとした午後三時頃、一人のおばさんが訪ねてきて、写真から、自分の昔の家を絵にして欲しいという。数日前に、しきりにあたいに何か頼む、おばあさんがいて、きいてみると頭がボケている人ということがあったので、この人もボケているのかなと思ったら、自治会長のおばにあたる人だった。ちなみに、頭がボケているおばあさんから道で、いきなり、くいかけのおにぎりをもらった事があって、あたいの汚い格好をみてくれたんだと思い、食べたことがあった。会長のおばさんは、あたいを待たせておいて、果物やジュースに五〇〇円をそえて持ってきてくれた。ありがたく、いただく。

少しスケッチをして、会長の家で夕食をいただく。

さらに、シャワーをあびる。会長の似顔絵を描いてあげる。会長の奥さんは、「大嫌い」を連発して、逃げる。

1/31

今日も、雨。

新聞によると、今月は二日しか晴れなかったようだ。

自治会長のところで朝食をいただく。雨の中、うろつきまわる。会長の家の庭でなっているファッションフルーツだったか、そんな名前の果物を食べるが、非常にすっぱくておいしい。

夜も会長の家でいただく。イカの墨汁がおいしい。荷物の整理をする。

2/1

めしを会長のところでいただいて、別れをつげる。会長に三〇〇〇円もらう。至れり尽くせりである。会長の奥さんは、あたいのことを五男坊と近所の人に言っていたから、道で会ったお巡りさんは本当のことだと思っていた。とにかく、お世話になってしまった。親切にされることは多いが、それは、丁寧にむかえて、とっとと帰っていただく、というニュアンスを含んでいる時も、ただ、話の種にしようという時も結構あって、それはそれで文句をつけることなど何もできないのだが、会長は、それをこえた世話をやいてくれて、うれしかった。

池間から狩俣に渡り、雨なので車をひろい、平良まで乗っけてもらう。カママ嶺公園近くで似顔絵を頼まれ、家の中で描く。その前に、狩俣で、大橋工事の人を一人描く。
手持ちが一五〇〇〇円をこえていると思う。子どもと遊んだ後、久松の公民館前でテントを張る。

2/2

朝、起きるとテントの前の港工事の事務所の人に呼ばれる。なんとなく嫌な予感がしたが、やはり、クレーンを描いてくれ、というクソつまらない注文を二〇〇〇円で引き受ける事になる。その上、あたいは、一時間もかけてパワーシャベル（正式名称は忘れた）のような物体を間違えて描いてしまった。しかし、朝、おやじが指さしたものは、絶対、パワーシャベルのようなものだった。まあ、たしかに、港工事の人間が道路工事で使っているものを描けというのは、ちとおかしい気もしたのだが。結局、クレーンを再び描かなくてはいけなかった。しかし、このクレーンというのは、こうした機械類で一番退屈な道具である。うんざりしながら描く。出来に、明らかに不満そうなおやじから二〇〇〇円をむしる。

昨日の子どもたちと遊ぶ。といっても、あたいがスケッチしているまわりで子どもら（小学四年生）が、爆竹を鳴らして騒いでるだけなのだが、その子どもたちの中の一人に、女の子のような名前をした男の子が（はるみ、と呼ぶことにする）いたのだが、彼が途中で泣き出してしまった。それも急に、ブロック塀に頭をおしあてて泣きだしたから唖然としたが、その姿はまるで小学生のあたいそのものだった（あとで、別の子が、はるみの家はボロい、と言ってたから、それをあてつけで言われて泣いたようだったが）。自らの経験で、こんな時「どうしたの」とか聞いたり、なぐさめたりするのは逆効果だと分かっていたから、ほっておいたら、家に帰ってしまった。はるみはいじけ虫だからよくあることだと、他の二人は全く気にしていない。前の日から感じていたのだが、このはるみっていう子は、とても感受性が強くて頭も、とてもいい。本当に、あたいそっくりだ。あたいも小学校の時は、毎日泣いていた。それも、ほとんど勝手に泣いてしまうのだ。だから、いじめられたという経験はないのだが（女の子にいじめられたことはあった）。

今日は宴会をやらないと事務所のおばさんが言っていたから、久松でもう一晩泊まることにしたのだが、宴会はしっかり始まっており、案の定、あたいを待ち受けていた。あたいは池間で酒を飲み過ぎて下痢気味なのに、また、酒を飲まされる。宮古では「おとおり」といって、一人が立ち上がって少し話をして、泡盛をいっき飲みし、その人がコップについだ酒を全員が次々といっき飲みして、最後にまた少し話をして、その人がいっき飲みをする、これを順に回す飲み方を必ずする。だから、多人数の宴会は、それだけきつくなる。今日は五人だったから、まあたいした事なかった。でも、絵を注文したおやじが、えんえん説教をたれるのには閉口した。

2/3

朝、買った食パンは、カビがはえていた。

道に落ちていた爆竹に火をつけたら、指の間で爆発して火傷をおう。くそ暑い。

来間《くりま》島への船が出る下地へ向かって歩く。畑からサトウキビを盗んで食べる。暑いときに食べるサトウキビは格別にうまい。道ばたで食っていると車が一台、目の前で止まる。ヤバイと思ったら、何のことはなく、似顔絵を描いてくれという注文だった。

この車の修理屋は、那覇で会った変なおやじ以来はじめてのファンキーおやじで、次から次へ話題が変わるので、話を半分も理解できないのであった。宮古でやるトライアスロンの水泳の責任者をやってた時に、死人を三人出してブタ箱に入れられた、とか、公務員は大嫌いだから車から引きずり出してなぐってやる、とか訳が分からないのだが、楽しかった。子どもを二人描く。一六〇〇円。

昼飯をおごってもらった上、船着き場まで連れていってもらう。大神の海もきれいだったけど、ここの海もすごくきれい。よっぽど泳ごうと思ったけれど、船が来たのでやめる。

船の中で、昔、旅館をやってた人と知り合い、そこに、ただで泊めてもらう約束をする。来間について、マイクロバスで泊めてもらう家へ案内される。そこは、長い間空き屋だったみたいで、ネズミの糞とか散乱していた。掃除をして外へ出ると、夕焼けが感動的に美しかった。

2/4

朝から雨が降ってる。雨の中、ぶらついているうちに、日が暮れる。サバの水煮缶のうまさを発見する。

2/5

くもり。スケッチをして歩く。サトウキビ刈りをしている人たちと昼飯をくう。

そういえば、朝、村の放送で「〇〇さんと××さんの車のバッテリーが何者かによって盗まれました」と、激しい言葉でその犯人を探し出す決意を述べていて（そのわりには最後に、盗んだ人は元のところへ返して下さい、とまぬけな事をいっていた）、島ただ一人のよそ者である、あたいが疑われている気がしていたが、それは考えすぎであったようだ。

六食つづけて、サバの水煮を食べてしまった。来間島は、四キロぐらいの絶壁に島の三方を囲まれていて、島に一つしかない井戸が絶壁の下にあるため、水道が通うまで（一五年くらい前まで）その崖を登り下りして水を運んでいた。

あたいのルンルン沖縄一人旅　八重山篇

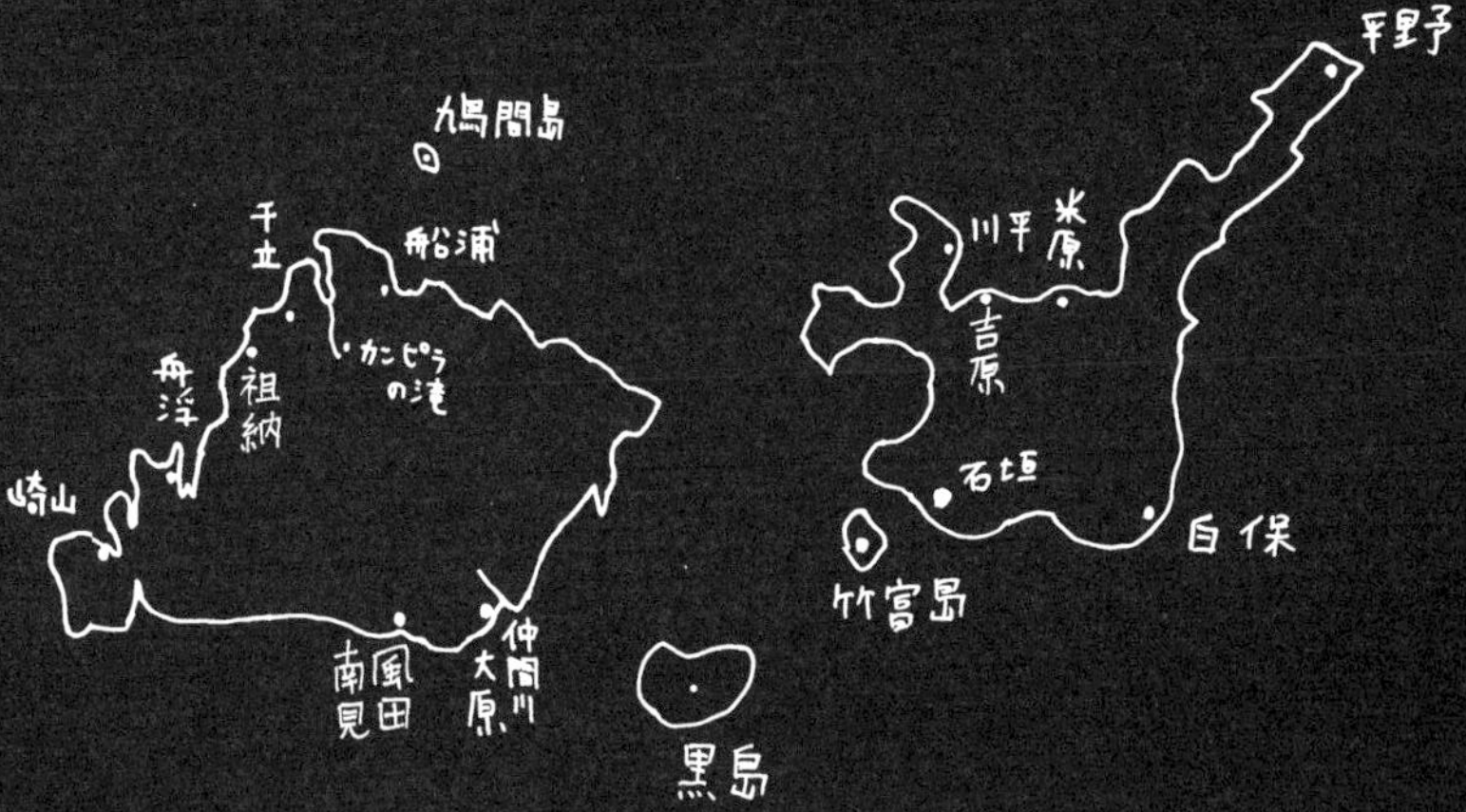

1990年2月6日～3月17日

2/6

朝一番の船で来間を去り対岸に着いたのはいいものの、バスを待っていては九時三〇分の船に間に合わない事に気付く。平良に行く車を探している時に、何度も断ったのに、おばさんが一〇〇〇円くれる。ジャズが好きな若い男に平良まで乗っけてもらう。

港には、一〇年前のつっぱりみたいな高校生がたむろしている。あちこちかけずりまわってスケッチブックを買ったために、出航ぎりぎりに船に乗る。もちろん、学割だ。

同じ船室の吃音の人と話すが、なかなか会話が通じない。似顔絵の看板を持って船内をうろつく。しかし、今日はいい天気だ。

甲板で日なたぼっこをしていた二人の男のTシャツに似顔絵を描く。着ている上から描いたせいもあるのだが、我ながら訳の分からない絵になる。しかし、金はしっかりとる。

一人は床屋で、もう一人は大学生である。二人とも船内を歩くときは、かなり目立っていて、当人たちも恥ずかしげである。大学生(田中君)が、テントに一晩泊めてくれ、と言うので、OKする。彼は、今年の四月から会社勤めである。三時ごろ石垣港につき、田中君とあたいと床屋と西表に行く大学生と与那国に行くおじさんで、一団となって下船する。しかし、くそ暑い。

真っ赤なトレーナーを着た体の大きな人から、「似顔絵描いてるの?」とか、いろいろ言われるが、あやしげなので無視する。小脇にかかえてる本は聖書かと思ったが、よく見てみると岡本太郎『原色の呪文』である。と、手わたされたチラシが、「今世紀最大の芸術家高木章至のどろどろ展」である。チラシをみた瞬間、これは、絶対行こうと思う。

床屋はユースホステルに行き、西表に行く大学生の乗る船が来るまでなんとなく、船着場にいる。彼は、サンドバッグみたいな袋に荷物をつめて（かなり重い）、それを抱きかかえて歩いているのだが、そんなんで大丈夫なのだろうか。

郵便局に手紙をとりに行くが、兄からの葉書一通しかない。田中君と石垣の街をブラブラする。店で八重山そばをくう。宮古そばに近い。本当に公設市場三階なるものがあるか探しに行く。それらしきスペースがある。

公設市場前で店をひらく。客はこないが、再び、真っ赤な上下トレーナーの人がきて、「家が近くだから、絵を見ていかない?」と言うので、喜んで行く。マンションの一室にふみこんだ瞬間、作品がドンドンと部屋をうめつくしているのに多少圧倒される。その絵は、ダンボールに真っ赤なペンキでなぐり描きした、といった感じである。

そんなにいいとも思えない。しかし、かなりあやしい。

高木さんは、もともと旅行で石垣へきたのだが、来た日に金を全額なくして、しばらく浮浪者をやったのちに、似顔絵描きで日銭をかせぎ、進学塾の講師をして、みたいな生活をしているうちに、いつのまにか住みついてしまったという事だ。塾は十二月にけんかをしてやめてし

今世紀最大の
芸術家
高木章至の
どろどろ展
2/12～18
公設市場3階
9:00まで

まったそうだから、今は無職で、でも石垣にきて一年目にして行う個展へむけて、気力は充満しているようで、太郎ばりの芸術論をぶちかましてくれる。

高木さんは、大学は経済にいったそうだが、その前に武蔵美《むさび》に二回落ちたそうで、まあ、昔から絵を描き続けていて、陶芸家のところへ弟子入りしたり、埼玉の廃屋で個展を開いたりして、今（二九才）にいたっているとの事である。

恋人（みゆきさん）がやってきて、四人でパーティーをする。みゆきさんも東京でコンピューターのプログラマーを七年やったのち脱ＯＬをして、石垣に住んでいるとの事である。くったりのんだり満腹になる。

高木さんとみゆきさんは、どこぞと消え、田中君とあたいは高木家で寝る。

2/7

サンドバッグの大学生との約束を果たしに西表に行くか海へダイビングに行くか、でさんざん悩んだすえ、田中君は西表に行く。そう、今日は午後から、新石垣空港問題でゆれていた白保へダイビングに行くのだ。

カンカン照りの中を桃林寺に似顔絵描きに行く。が、観光客はだれ一人いなくて、仕方なく境内で睡眠をとる。この寺は「おかげさま運動推進本部」と「百万人写経運動推進本部」なのらしいのだが、これらの運動はどのような実質をともなっているのだろうか。気になる。
かえりがけに、ランジェリーショップのおやじの似顔絵を店内で描く。

みゆきさんののようないい車に乗って、さて、白保についた。ダイビングは初めてなので、マスクやシュノーケル、フィンのつけ方、使い方を教わり海に入った。スキューバ用の上半身のスーツを着用してるために、少しも寒くない。みゆきさんに手を引いてもらって泳ぐ。ほとんど幼稚園児である。そして、絵に描いたような珊瑚礁と熱帯魚の光景が目の前に現出するのであった。その他、巨大ナマコや海ヘビもいた。

泳ぎが苦手なあたいも、マスク、シュノーケル、フィンの三点セットがあれば、水を得た魚のように泳げる。水が冷たくなったり、温かくなったりする。白保で、結局五、六キロは泳いだだろう、水からあがった時は腹がペコペコだった。

ドライブとドロドロ展のポスター貼りを兼ねて、米原《よねはら》キャンプ場や川平《かびら》をまわる。普通この時期キャンプ場に人はいないのだが、うわさどおり米原は、いっぱいテントが張ってある。ゲロが長くいたはずだから、キャンパーにたずねてみると、おれがゲロだと言いだし、話が混乱する。まあ、ゲロというのは、キャンパーにつけられやすいネームだが。

川平にいた八才くらいの子どもは、最近山に魂を落として、ユタに入れてもらったそうだ。ほとんど柳田国男の世界である。

みゆきさんのアパートでシャワーを浴びる。いろいろ話をするが、なぜか大便・小便あたりの話題に落ちつく。それにしても、ぼっとん便所のはね返り程、嫌なものはない。小学校の頃、高木さんはいじめられていて、高校の時に同窓会の電話連絡が高木さんのところだけこなかった、という話には涙が出そうになった。まあ、体格にびびってかけることが出来なかったんだろう、と高木さんは言ってて、それはたぶんそのとおりなのだろうが。

サンゴ礁をつぶしてリゾート化する事は、長期的にみれば、自分で自分の首を（観光資源を）しめるようなものだ、というみゆきさんの意見もうなずける。今がタイムリミットだ、みゆきさんは強調していた。

高木家に帰って、一人で寝る。

2/8

石垣市内をぶらぶらして過ごす。似顔絵を一人描く。やはり、市内は面白くない。博物館で、トイレットペーパーをとってくる。

高木さんの絵をだんだん気に入ってくる。わざとらしさを排除しようとしている、その方向性がよく理解できる。赤しか使わないというのも面白いと思う。
ダンボールの切れはしで、あたいも作品をつくる。高木さん帰宅せず。

2/9

ポスター貼りを手伝う。頼めば洋服屋のきれいなショーウィンドーも、ドロドロ展のポスターを貼れるのは、東京などではありえないことである。

付記　個展の隣で、エアロビクス教室が開かれていて期待が大きかったのだが、先生は、かわいいものの生徒は全員がおばさんだった[❖16]。

2/10

北の方まで、ポスター貼りをかねて、ドライブへ行く。小高い山それも芝生だけの山が連なり、そこに牛などいて、景色はとてもいい。でも、車で見てしまうと、島を一周する気がなくなるから、それが少しくやしい。

一番北にある平野という部落まで行く。海もすごくきれいで、太陽も照ってる。泳ぎたくなるが、市内にもどり、高木さんのマンションから公設市場の会場まで作品の搬入を行う。

会場は三〇畳くらいあるだろうか、とても広い。はりがねで作品を吊したり、だいたい設置を終えてみると、なかなかいい展覧会になりそうである。やはり赤一色というのが、統一感をもたらしている。

田中君が、はやくも帰ってくる。約束していた大学生とは、うまく会えなかったそうだ。イワシサンドを作ってさしいれにするが、評判は、やたら悪い。その後、焼き肉屋に行って、肝汁をおごってもらう。

ドライブに行った後、みゆき宅で酒を飲む。拾ったウーロン茶には油が混じっていて気持ち悪くなる。

田中君と高木家に帰って寝る。エアロビクスを見学する。

2/11

今日は、市場が閉まっているので、ダイビングに四人で出かける。

再び、平野まで行き、泳ぐ。曇りなので寒い。刺されると死に至るイモ（ハブ）貝が、ごろごろしている。サンゴ礁は、断然、白保のほうがきれい。クモ貝一〇数個と大きなシャコ貝をとる。市内にもどり、高木さんと寿司屋などにシャコ貝を売りこみに行く。五〇〇円くらいにしかなりそうもなく、そのうえ買ってくれないので失望していたところ、近所の魚屋が一五〇〇円で買いとってくれる。その金で買い物をする。焼きそばをつくって、食べる。田中君と二人で寝る。

2/12

いよいよ、ドロドロ展オープンの日である。

市場前でチラシをもって呼び込みをやる。都会のように、チラシを受けとるのを拒否したり、もちろん捨てたりする人は皆無である。ジャンジャン入る。しかし、そのほとんどが女子中・高生である。バレンタインデーのチョコを買いに大挙して街にくりだしているようである。

ドロドロ展の大きな看板を肩から下げて、サンドイッチマン兼チラシ配り兼「ドロドロ！」と叫ぶ人をやる。楽しい。後ろから子どもがゾロゾロついてくる。ハーメルンの笛ふき男みたいだ。

←来間島 ←八重山篇 ←石垣市街

ドロドロ展自体は、訳わからないながらも深い印象を人々に与えてるようである。

疲れて受付に座っていると中上健次みたいなオヤジがウロウロしている。ゆっくりみて下さいと言うと、どうも、とか答えていたのだが、最後に出て行くときにサイン帳に「中上健次」と書いた時には、あたいは大声をあげそうになった。おもわず、後ろを追いかけそうになったが、さすがに自制した。どうりで、入ってきた時にサインをお願いしますと言ったのに「後で」と答えたわけだ。

でも、思ったより、ずっと小柄な男だった。かつ、病気でやつれているような感じで元気がなかった。しかし、中上健次がくるとは、びっくりしたなあ。感想をきいとけばよかった。

新聞社五社に、たまたま展覧会を見た人が情報を寄せているみたいな設定で電話をかけるが、考えてみるまでもなく、わざとらしく、「石垣で、こんな面白い展覧会があるなんて驚きましたよ。是非、取材したらどうですか」などの言葉も、むなしくひびいていた。でも、五社とも取材にくると一応言っていたが。

長野から、ずっと歩いて鹿児島まで行き、そこから一つ一つ島づたいに石垣までたどりついた気合いの入ったおっさんとあたいと田中君で、高木家で寝る。おっさんは、製鉄会社をやめて、そんなことをはじめたみたいで、今度はブラジルに行くと言っていた。ドロドロ展の初日は大成功であった。

2/13

貨物船で竹富島へ向かう。しかし、この貨物船に、当然、観光客はあたい一人で、切符を売ってる人さえ、どこから出発するのか知らなかった。一度出た船に戻ってきてもらい乗りこむ。竹富の港で一人描く。旅の途中で金が切れ、民宿で働いているとのことである。

竹富はキャンプ禁止なので、なるべく人目につかない所で張ろうと思い、コンドイ岬へ行く。ここのビーチはトイレ・シャワー付きなのだが、そのシャワー室で赤塚不二夫みたいな男がシャワーを浴びていて、少し奥の方でテントを張っているとのことである。夕食にさそわれる。ついでだから、テントを彼ら（二人）の横へ移動させる。

赤塚みたいな男が、もう一人のまじめな男の方に居候をしているようだ。みそ汁ごはんを食べる。

赤塚は映画の専門学校を出たそうで、映画の話をする。タルコフスキーが好きで、「ベルリン天使の詩」は途中で見るのを止めた、とのことである。その後、自然保護の話になり、どんどん自然が壊されていく事を、まじめな男が「くやしいなあ、くやしいなあ」と少しどもりつつ嘆く。彼は、植物や動物、星などにやたらくわしい。人間が滅びるか、地球が滅びるか、どっちかしかないだろう、なぜなら、自然破壊も人間のエゴだが、自然保護も人間のエゴだから、みたいな方に話は進む。

人間が滅ぶにしても自然が滅ぶにしても、それをどのように悲しんだらいいのだろうか。

東京 ← **本島篇** ← 那覇 ← 糸満 ← 米須・摩文仁 ← 具志頭 ← 奥武島 ← 知念 ← 久高島 ← 与那原 ← 首里 ← 那覇 ← **宮古篇** ← 平良（宮古島） ← 大神島 ← 池間島 ← 久松（宮古島）

2/14

雨、竹富をうろつく。昼を三人でくいに行くと、みゆきさんが店のノートに落書きしているのを発見する。マンタに会いたいなどと書いてある。年が二九なのが判明した[❖17]。

夜はなぜかエロ話になる。

2/15

朝、天気が良かったので、スケッチに行く。と、宮古からの船で一緒だった奴に会う。そいつをコンドイまでつきあわせる。ラーメンをくう。天気が急に悪くなる。でも、放置してあったゴムボートをひきずりだし、海に浮かべる。寒い。それにどこまでいっても遠浅の海なので、すぐ座礁してしまう。

夕方スケッチに行って、帰ってみると、ぞうすいをつくっていて、とてもおいしい。

夜はおいちょかぶをやる。二三〇〇円、負ける。

2/16

朝、晴れていたので、泳ぐ。

けっこう寒い。シャワーは冷たい。浜をうろつく女の子に似顔絵でアタックするが、断られる。昼寝する。スケッチに行くが、また雨が降りだす。

港で似顔絵を描いた青年とよく会うが、彼が一九才というのには驚く。どうみても二五才くらいである。彼は極真カラテをやってる。

テントにもどると、カレーを作っていて、すごくおいしい。

今日で竹富も最後なので、焚き火をガンガンやるが、なんとなく静かである。まじめな顔の奴が、星座と星物語をおしえてくれる。星物語を語る時の彼は、非常に恥ずかしそうだった。

彼がダイビングで採ってきたウニを生で食べる。けっこう味に差がある。

2/17

テントをたたんで（アリにくわれず良かった）、船着き場に行くが貨物船はなく、もう少し上等の船に乗る。彼らを連れてドロドロ展に突入する。

田中君と床屋がいる。高木さんも元気そうだが、みゆきさんは、おばあさんの葬式のために東京に帰ってしまったという。彼らとマルコーで買い物をする。彼らは米原に行ってしまう。田中君や床屋と波長が合わなかったためかもしれない。特に田中君は、彼らが変な奴だったと、後で何度も言っていた。

高木さんは、会場内で似顔絵をただでやっている。困ったもんだ。ひさしぶりのチラシ配りは、すがすがしい。

竹富に行く前に約束していた鶴屋へ似顔絵を描かせてもらいに行く。けっこう遠い。店に着くと、かなり大きなスーパーで、おじさん、おばさんに歓待してもらう。弁当とジュースをいただく。さっそく店の片隅で営業する。おじさんやおばさんが、客を二人（子ども）つれてくる。さらに、おじさんも描く。おばさんや店員に受ける。看板を持ちスーパー内をうろついて、片っ端から声をかけていく。さらに二人描く。

調子いいな、と思っていると、おばさんが、もう一〇時半だから終わってくれ、みたいなことを小声で言う。さらに、無感情な小声で、明日はやるなら店の外で、うんたら、と言う。不本意ながら帰ることにする。弁当代五〇〇円を置いていく。

高木さんのマンションに帰ってみると、驚いたことに鍵がしまっていて、誰もいない。しばらくすると、田中君があやまりながらやってきて、ボーリング場に行っていた、と言う。また、床屋と大島さん（新しい人）がいると言うので、疲れているけど、ボーリング場に似顔絵の看板を持って行ってみる。床屋と大島さんが帰ってくるのに出会うが、せっかくだからと田中君とボーリング場へ向かう。

老若男女がいりみだれて、もう十二時近いというのにボーリングしている。看板をもってウロウロするが、今ひとつである。田中君は他人のふりをしている。疲れてイスに座っていると、前方から、「てつオ！」とさけびつつ接近してくる女の子がいるから、だれかと思ったら、本島の具志頭の生協で似顔絵を描いた女の店員だった。奇遇である。生協の団体旅行で石垣にきたそうだ。そういえば、彼女の一団はどれも見覚えのある顔だ。話がもりあがる。彼女は、美人である。田中君は、とたん他人のふりを中止して、彼女とうれしそうに話をしている。

ボーリング場から帰ると、また鍵がしまっていて、二人を探しまわらなければならなかった。

付記　このボーリング場は、石垣市唯一の娯楽施設らしく、すごい熱気だった（なんといってもＮＨＫしか映らないのだ。そのため民放の番組がレンタルビデオ屋においてある）。この美人の店員は、以前、茂田くんがアタックしてた人である。

2/18

ドロドロ展、最終日である。天気もいい。あたいが朝食につくったホットケーキは、いわしくさいと言って、だれも食べない。

床屋に、ハサミ一丁で髪を切ってもらう。さすがにプロは上手い。一五分くらいで刈り終える。妙にすがすがしい。田中君は「さわやかすぎて、小川君らしくない」と感想をのべる。

ビラ配りをする。チエちゃんとミナコちゃん（中学一年生）にプレゼントをするという田中君の買い物につきあわされる。ネックレスを買っていた。〈王様のアイデア〉が卑俗になったような店で、イスラム音楽のあやしげなダビングテープ三本と激辛ガムを田中君が買う。「これを聞いたら、日本のロックなんか聞けなくなるよ」に始まって、店のおやじが訳の分からない言説をえんえんくりひろげる。

大島さんと近くでやっている、子どもの絵の展覧会を見に行く。けっこうグッドである。客の入りはそんなによくないようである。

有線テレビで、ドロドロ展が放映されたようで、近くの電気屋に大挙してでかけて、そのビデオテープを見てみる。撮り方が下手。音声がない。がっかりして電気屋を引きあげる。チエちゃん、ミナコちゃんが来て、田中君がプレゼントをしている。

あたいは、鶴屋に商売に行く。と、おばさんが出てきて、例の小声で何やら言う。「客に文句をいわれた。店の信用にかかわる。見本を出してやってくれ。芸術なのかもしれないが、似顔絵という以上、似てないと。八〇〇円もとってるんだから」とＰＴＡのばばあみたいに陰気に言ってくる。それでいて、「やらないで欲しい」とは言わない。

「迷惑かけてすみません」と、あやまって引き返す。こんな事なら、事前に電話した時になぜ言わないんだ。片道三〇分以上もかかるのだ。でも、こんなもんだろう。

会場にもどると、なぜかビーチボールで子どもたちとドッチボールをしている。あたいは、すかさず加わるが、妙にすぐ当てられる。白熱した戦いが、えんえんつづく。高木さんは、欲しい人には作品をどんどんあげている。そうこうするうちに会場を閉める時間が近づいてきた。作品をはがし、後片付けをする。作品を高木家に持ち帰るのは疲れる作業だった。

高木家で打ち上げをする。一人一〇〇〇円ずつ出す。大島さんは、坊主の息子だった。田中君が年齢にこだわるので、興冷めをする。でもまあ、ドロドロ展大成功でよかった、よかった。

2/19

床屋は船が何の理由もなく欠航になったため、飛行機でストーンズのライブ目指して帰ることになった。

床屋を車で送るついでに、ドライブしようという事になったが、ひどい雨で、米原キャンプ場あたりではスコールのような降りであった。ゲロチャリを探すが見つからない。田中君も泊めてもらうはずだった女の子が見つからず、結局、家にもどる。

竹富から帰ってきてから、ずっと咳がでていて、体調が悪かったのだが、いよいよ声が出なくなる。一声発するだけでも非常な努力がいる。

田中君がチエちゃん、ミナコちゃんに会いに行こうとさそうが断る。田中君は一人で行って、ボーリング場で夜に会う約束をとって帰ってくる。相手は中一なのに、田中君も物好きである[❖18]。

夜、ボーリング場に行く。約束の時間に二人は来ることは来るが、すぐ帰ってしまう。当たり前である。しかし、なんとなくがっかりする。特に田中君はおちこむ。

2/20

黒島へ船で向かう。田中君と大島さんが見送りをしてくれる。しかし、あたいは切符をなくし、乗務員に理不尽な程どなられる。

寝てると黒島につく。

公民館長の許可がないとテントできないため、とりに行くが、かなりの道のりだった。その間は、ひたすら牧場、牛ばっかりである。

一人似顔絵を描く。港の前でテントを張る。

2/21

外にだしておいた缶詰の空き缶にカタツムリが五〇匹は、くっついていて気味悪い。

島を歩く。牛、牛、牛、牛、牛。

2/22

牛、牛、牛、牛。

2/23〜2/28

付記　西表島にて

この間、日記が見つからない（もしくは書いてない）。主な出来事は二つであった。

1　西表徳三氏への訪問

田中君が、昨年、今年と訪ねているおじいさんで、人里離れた海岸に一人で住み、イノシシ狩りとたかりをして暮らしていると聞き、これは訪ねてみなくちゃなるめぇと思っていた。

半ばキャンプ場になっている浜から海岸沿いに少し奥へ行くと西表さんの第一の小屋があり、（晴耕雨読との看板あり）、そこから、さらに四キロも行くと第二の小屋があるとのことだった。第一の小屋を訪ねてみても人影がなく、散歩がてらに海岸を歩いていると第二の小屋らしきバラックが見つかった。

人の気配がないのでスケッチをしていると、のそのそと西表さんが出てきて、「上がれ、上がれ」と言う。スケッチをしていたと言うと喜び、絵を見て上等だとほめてくれる。田中君のことを話すと、好感を持たれていたらしく、「お茶でも飲んでいけ」と言われる。田中君は、「西表のじじい」と呼んでいたから、かなりの年寄りかと思っていたが、実際は、六〇手前ぐらいで、中肉中背のおじさん、といった感じである。

お茶はぬるくて、そのうえ茶碗には砂がこびりついていたが、飲む。イノシシ狩りの話、新聞記者だった話、娘が昨年訪ねてきた話（今年も来るかなあ、としきりに言っていた）、炭鉱の話、体力自慢話などを聞いているうちに日も落ちてきて、あたいの缶詰で野菜炒めをつくりパンにはさんで夕食とする。カエルの鳴き声に囲まれて、さらに昔の話を聞き、小屋に泊まらせてもらう。

次の日、朝早くイノシシ狩りに西表さんと行く。狩りといっても、イノシシの通り道にワナを仕かけて捕獲するので、そのワナの見回りをするだけである。どのワナにもイノシシの姿はなく「このワナには前にでっかい奴が掛かった」と西表さんは、そればかり言っている。さんざんかけずりまわって、最後に一つ、壊されたワナが見つかった。つまり、このワナはイノシシが掛かったものの、逃げてしまったということだ。さっきまで温厚に見えた西表さんが、ウォーとか叫んで、木をけっとばしたりしている。少し呆気にとられたが、小屋に戻った頃には西表さんの怒りも収まっていた。

朝食後、今度は海岸へ潮干狩りに行く。第一の小屋につくまでに、無数のシャコ貝（その場で食べた。うまい）、タコ五匹を捕獲する。これで、今夜のおかずは出来たと二人で喜ぶが、西表さんは気が変わったらしく、タコを町まで売りに行くから付き合えと言いだす。昼食後、五キロくらい歩いて、小さな町につく。西表さん急に、へいこらして、店のおかみさんにタコを売る。と、ひきかえに、そばや酒をもらう。おかみさんの口調から西表さんが明らかに嫌われ者なのが分かる。

帰る道々、西表さんは酒を飲み始める。ヒッチハイクの仕方でもめたりする（西表さんは、ペコペコおじぎをして止めろというのだ。でも、車は通過）。途中の畑で、二人でニラやサトウキビをぬすむ。小屋につく頃には、西表さんは、けっこう酔っぱらっていて、包丁をもつ手が震えている。口調が命令的になってきて嫌な予感がするが、夕食が出来た頃は、時に何を話しているのか分からなくなってきて、しかし説教をしているのらしかった。

「お前は、全然だめだ」とか「そんなことで大人になれるかっ」とか、知り合いの若者たちに、なべ・かまを勝手に使われたらしく、「今度きたら殺してやる」とか、どんどん酒をあおりながら、「きさま、しっかりしろよ」とか「旅にきたら、お金を置いていくものだ。お前、分かってるのか。金をおいていけよ、えっえっ」とか、訳が分からないながらもテンションは確実に上がってきて、やばいなあ、逃げだしたいなあ、と思い、なだめつつ腰をうかした時、西表さんが、ガバッとあたいの首をしめてきたのだった。そのままテーブルに押しつけられて、酔っているとはいえ、何十年もイノシシ狩りをしているじじいが、渾身のちからで、あたいの首をしめつけるのだ。一瞬、気が遠くなりそうになりながらも、おもいっきり蹴っとばして、難をのがれる事ができた。西表さんは、今度は、急に目がうつろになって放心して立っている。そして我にかえると、また「しっかりしろ」とか言って、包丁を手にとり、何をするかと身構えたら、タコをきざみだし、「こっちにきて酒を飲め」と命令する。とりあえず、従った方が無難と(逃げだすにもテントを張ってあり無理なのだった)、一緒に酒を飲みだすが、意味不明におちいりながらも、ネチネチ日頃のうっぷんを晴らすように説教を始める。ほどあいをみて、「じゃあ、寝ますので、おやすみなさい」とその場を離れ、テントに入る。

「きさま、俺と酒が飲めないのか！　もう寝るのか！　それでも、きさま男か！　こっちこい！　きさま、男か！」とか、叫んでいるが無視する。テントへやってくるようなら（といっても四m位しか離れていないのだが）、今度は、こっちが暴力に訴えるしかない。

でも、幸いなことに、西表さんは、ずっと一人言をしゃべりつづけているだけでテントには来なかった。

朝、目が覚めると、小鳥のさえずりに混じって、西表さんの一人言が聞こえてきた。とにかく早くここを立ち去ろうと思う。西表さんは一晩中飲んでいたのだろう。テントをたたんでいると、その西表さんが「おはよう」と小屋から頭を出してきた。意外に普通なので変だなと思っていると、案の定、しばらくすると「とっとと帰れ。何しにきたんだ！」とか叫び始める。荷物をまとめるのに手間くっていると横で「朝飯くってけよ」と言いだす。しかし、めしはすでにテントの中で食べていた。すると、「サトウキビを焼くから、それから行けよ」と急にやさしい口調になる。最後だからと思い、サトウキビを食べていると、またネチネチしゃべりだす。「お前は勝手に人の家をスケッチしていたが、誰が許可した。法律違反だぞ。お前を訴えれば、お前は犯罪者だぞ。浜でテントを張っている奴らも法律違反だ。六法全書を見せてほしいか」としつこく聞くので「別に見たくない」と言うと、ほぼ昨夜の状態になる。

ものすごい剣幕で家を描いたスケッチを出せ、と言うので出すと、「自分で破って捨てろ、オレは許可してないんだ。早く破れ」と全身を震わせている。西表さんの手許には、包丁もナタもあるし、やばいと思ったが、こっちも腹が立ってきたので、「そんなに破りたいのなら、自分で破れよ」とスケッチを西表さんに渡す。両者、にらみあう。おそろしい緊迫感。西表さんは、絵をビリビリと何回も破いて、火にくべる。

「じゃあ」とあたいが立ち去ろうとすると「きさま、お礼を言ってかえれ」と怒鳴る。

あたい、ゆっくりと「どうもありがとうございました」

西表さん、「手紙だしてくれよ」

最後の言葉にあっけにとられつつも、西表家を後にした。

（地元の人から聞いたところによると、昨年の夏、西表さんと酒を飲んでいた高校生が、突然、後ろからビール瓶で殴られ、重傷を負ったそうである。また、新聞記者だったというのはウソだ、と言っていた。また、西表さんは完全なアル中だが、退屈とさびしさのためか西表島の男は（軽い）アル中ばかりだと言っていた）

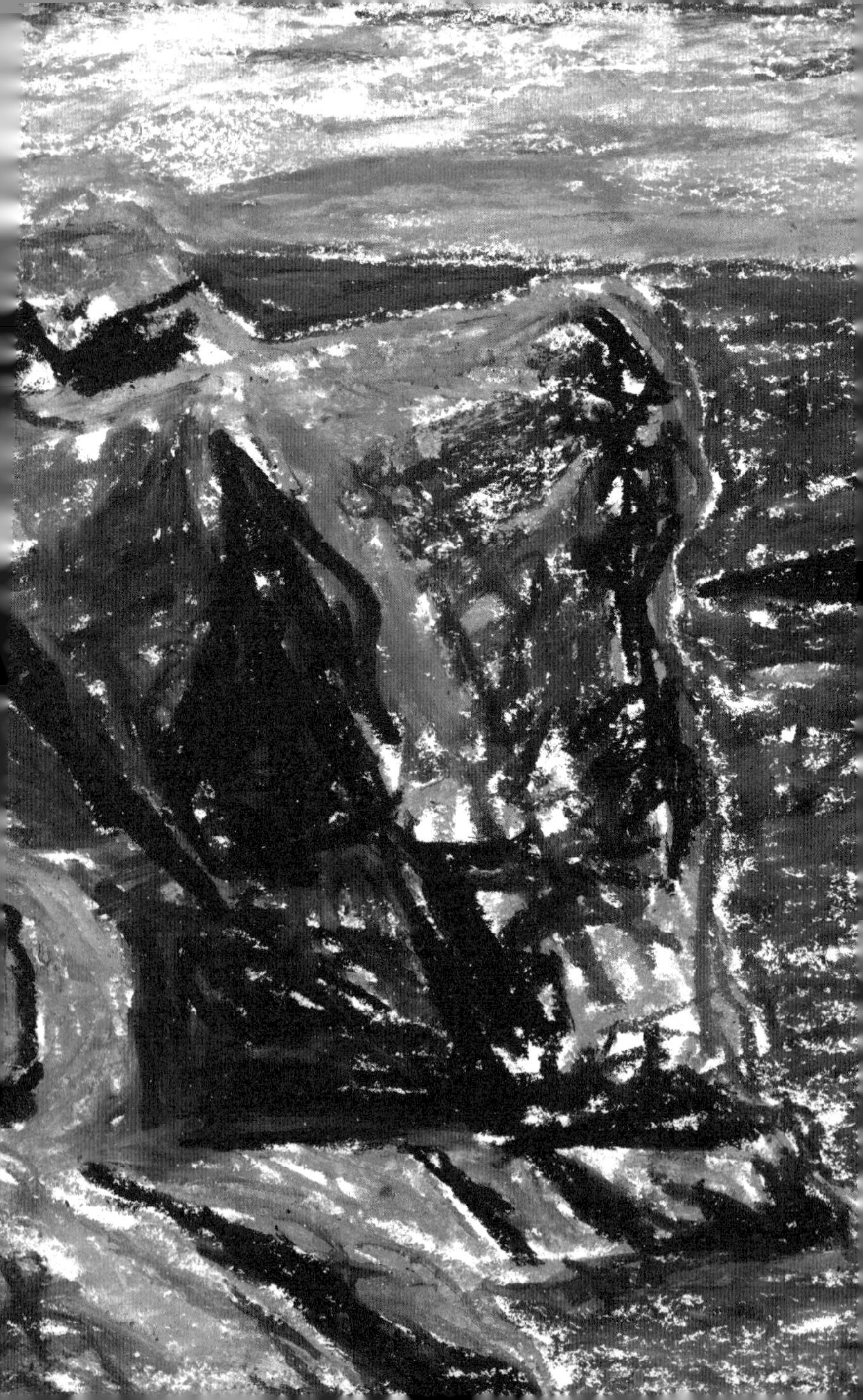

2　大西幸子氏への訪問

地獄のようだった西表家訪問。その直後に行った大西家で、やっと人間界に生還したような思いがしたものである。大西さんと知り合ったのは、ブラブラと浜を歩いていた時で、魔女っぽい女の人（大西さん）とその子どもが、あたいの看板を見て、似顔絵を注文してきた。子どもと大西さんを描いたのだが、ともかく大西さんは、よくしゃべる人で、次から次へと話題が変わる。でも、サラリーマンの夫を千葉に残して、童話の構想を練るために子ども二人を連れて引っ越してきたという話は印象深かった。というわけで、もらった地図をたよりに大西家に寄ってみたのだった。

繰り返しになるが、大西さんは本当に機関銃のようにしゃべる人で、しかも脈絡もなく話が変わる上に行動も同じようなものだから、見ていてめまぐるしく、よく子どもを育てられるなと不思議なかんじがした。話は、あらかた忘れてしまったが、二〇才の頃、乞食をやってて、でも本当の乞食に追いかけられて逃げたり、ちょうど成人式で着かざった女の人の前に、ボロボロの服を着た自分がいて、おかしいなと思ったり、どうも本物じゃないから止めた、とか、今、隣の家の男の人が好きで（写真を見せてくれる）、毎朝、出社時刻になると「いってらっしゃい」と見送るのだけど、嫌がられているみたいとか、オノ・ヨーコが好きとか、この町に図書館をつくる運動をしていて、もうすぐ完成するとか、この家を売って近くにユースホステルをつくるとか、ビデオで西表の自然を撮って何かに応募するとか、長男がおとなしくて心配とか、学校になぐりこみに行くとか、いろいろやりすぎて肝心の童話が書けないとか、自分と夫のちがいとか、であった。

童話を見せてもらうが、あまり面白くない。大西さんのハチャメチャさを童話にも出して欲しいと注文しておいた。

仲間川を二人でさかのぼったり、いろいろとしたのだが、きりがないのでやめる。ただ船の中で、大西さんと恋人どうしと間違われたのは、びっくりした。

西表縦走するには、天気が悪く、大西さんの家には結局三泊くらいしただろうか。「これ以上いると、小川君がいなくなった時さびしくなるから」と大西さんが言うので、まだ小雨が降っていたが、とりあえず縦走に出発したのが、三月一日のことであった。(大西さんからは、その後、地元の新聞や広報紙などが送られてくる)

途中で豪雨となり、バスの廃車に避難すると農夫がいて、マラリアで全滅した西表は移民の島だから[❖19]、住民の仲が悪いと言う。普通、サトウキビの収穫は集団でやるものだが、西表は二、三人（家族内）でやっているとのこと。

3/2

一面に拡がるマングローブを眼下に起きてみると薄日がさしている。青空がひろがっている。だまされたと思って縦走することに決定する。

すすきのような草をかきわけつつ進む。ジーパンは、すでにぐしょぬれだ。しばらく行くと、降水時に腰以上の渡渉三カ所、あるいは、枝道・けもの道が多く道がわかりにくい、危険だ、などという立て看板がある。少しびびりながら進むが、表示が細かく道はとてもわかりやすい。道を歩いてるかんじは、ジャングルからほど遠く、奥多摩みたいである。

雨がザーザー降りはじめる。だまされた。

古見からの道との分岐点へ二時頃つく。そこから少し歩いたところでコケ、ウエストベルトを（縫ったところから）切ってしまう。縫い付ける作業に手間どる。針を二本おる。ライターがしけって火がつかず、蚊が群がりまくる。やっと付けたと思ったら、またコケ、再び付ける。が、またコケ、切れるが、もう付ける気もしない。落ち葉は、やたらすべる。倒木を利用して、大きな川を太ももまで水につかり、渡る。

テントのための空き地に、五時頃、張る。寝袋・寝まきともに、かなりぬれている。いろんな物のビニールおおいを厳しくやる。ビリビリにやぶれた雨がっぱをガムテープでつくろう。ヒルは五匹くらい捕まえたが、まだくわれない。とっとと寝る。

3/3

朝、六時に目覚める。曇りだが、いかにも雨が降りそう。

おなかが痛いと思ったら、下痢気味である。昨日とれたウエストベルトを縫いつける。びしょぬれのジーパンをはいて、一〇時半の出発になってしまった。

道には数メートルおきにペンキがぬってあり、高尾山なみのわかりやすさである。大学のワンゲルや冒険部は、拍子抜けするんじゃないだろうか。

蚊とたたかいつつ昼飯をくう。太陽がのぞくと、木もれ日が美しく、思わず歌をくちずさみながら歩く。

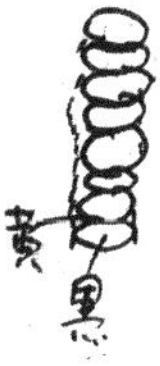

こんなムカデ（一〇センチくらい）に何匹か出合う。

「禁猟区琉球政府」なる石の物体がある。スタートが遅れたとはいえ順調に進んでいたのだが、突如、大きな川に行く手をはばまれてしまった。何週間も降り続いている雨で水かさは増え、とても渡れそうにない。

上に行ったり下に行ったり、渡れそうなポイントを探し、腰まで水につかり、どうやら渡り終えたのは二時間後であった。この旅も終わりに近づいているせいか、気がつくと、歩きながら昔のことを思い出していることが多い。いけない。

五時頃テントを張る。テント内が小便くさい。昨日、袋から漏れていたのだろうか。ヒルにケツをかまれる。テント内で計三匹ヒルをつかまえる。ヒルのせいでトレーナーが血染めになる。明日は早く起きよう。

今は、カエルと川の音のみである。

3/4

目覚めると五時半、またしても雨。

腹を下してるのに、びしょぬれの服を身につけ、テントをたたんで八時に出発する。しかし、当然ながら昨夜は寒くて、ほとんど眠れなかった。急いで歩いたため一時間もすると、カンピラの滝に出てきてしまう。これは滝というより、川が坂みたいになってるだけなのだが、水量が多いので、かなり派手である。三〇分くらい見てる。次にマリュウドの滝がある。こっちは本当の滝で、やはり派手で日本離れしている。三〇分くらい見ている。

船着き場に向かう途中、観光客に出会う。そういえば縦走中、誰一人すれ違わなかったので、ひさしぶりの人間の姿であった。

三〇分もすると船がくる。乗りこむ。強引に船の最先端にでるが、雨が強くて、目が開けられない程である。あっという間に終点に着く。金を払わずにごまかせそうであったが、いざこざを起こす気になれなかったので、往復料金一四〇〇円を払う。これは片道でも往復でも同じという、ワンゲルの奴らなどに悪評高い船である。昔は船を使わないでも行けたようだが、今は道がないので、みんな泣く泣く一四〇〇円払っているのである。船会社のおばさんを一人描く。

ヒッチハイクした車の人が、昼飯をくっていけと言うので、ごちそうになる事にする。まだ若い夫婦で、奥さんは機を織っていて、夫は弥生時代の米から世界各国の米までをつくっており、小さな民芸店を営んでいるのである。東京からきて四年目だという。八重山そばと緑色の米と鶏肉を食べる。ひさしぶりにまともなものを食べるので、死ぬほどおいしい。茶を飲みつつ話をする。管理的、権威主義的な芸術世界を批判される。西表の人はハブにかまれても何もしないそうだ[❖20]。免疫でもあるんだろうか。ハブもバカにされたものである。

歩いて、西表ユースに行く。玄関に入ったとたん、本当にかわいい姉さんが出てきたので、びっくりする。このユースは、ヘルパーがやたら多い（かわいい姉さんもその一人）。おお話題の人物がやってきた、と長期滞在をしているおじさんに玄関で言われる。少し閉鎖的なノリを感

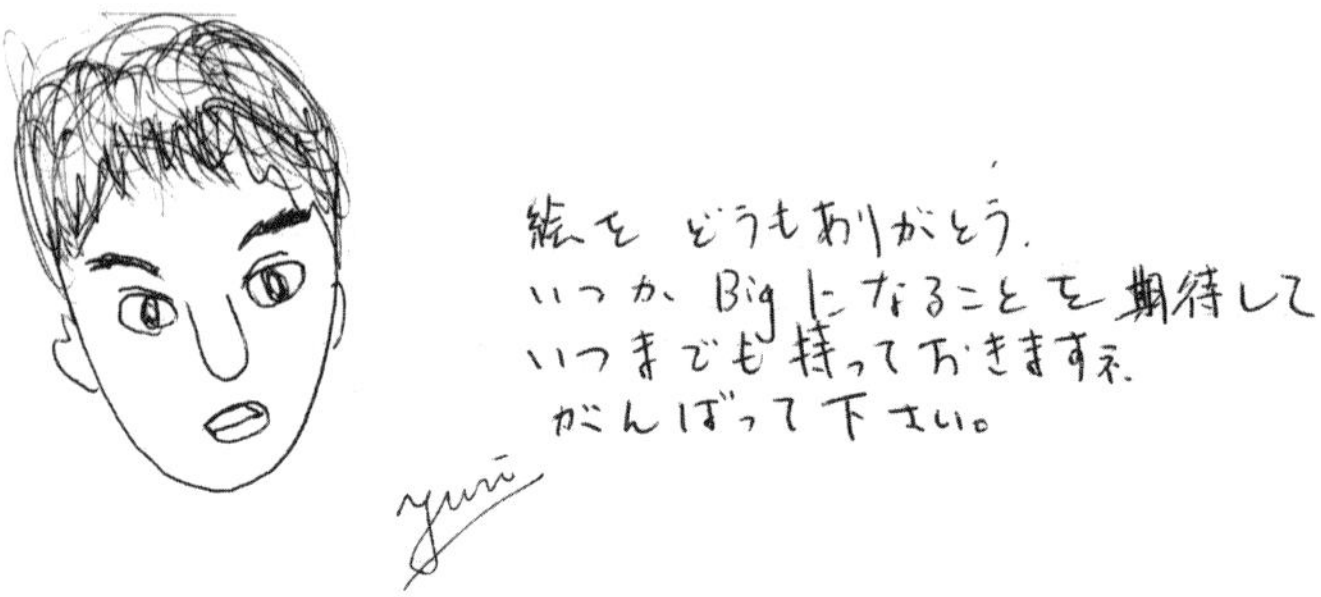
絵を どうもありがとう。
いつか Bigになることを期待して
いつまでも持っておきますネ。
がんばって下さい。
yuri

じる。かわいい姉さんにあちこち案内され、うれしい。ユースはすいてるようで、六畳の部屋を一人で使用する。

服は上から下までびしょぬれなので、とりあえず、シャワーを浴びて洗濯をする。服についていたヒルが、洗濯機をはい上がっていた（二匹）。隣の大学生の話だと、夕飯はやたらと豪華だったみたいで、とればよかったと後悔する。隣の大学生とダイビングヘルパーの人と酒を飲む。

部屋に帰って寝ていると「似顔絵さん」と呼ぶ声がするので行ってみると、二人の女の子が、二人の顔を合成して一枚描いてくれ、と言う。でも、結局、二人別々に描く。芸術関係の専門学校へ行ってるようで面白い子たちであった。

3/5

雨。風も強い。洗濯物も乾いていないし、最後のタダ券を使って連泊する事にした。

ちょっと散歩しただけで、あとはユースホステル内で、テントの修復したり、五目並べをしたりして過ごす。夕食は三杯もおかわりをする。

夜、ワンゲルの女の子を二人描く。この女の子たちと話して、部屋に戻り寝る。

3/6

昨日、船が欠航になったため、鳩間島へ行くのは明日にもちこされる事になった。そのため、今日一日ひまをつぶさなくてはならない。

干立までスケッチをしながら歩く。公民館前でテントを張る。

3/7

天気がいい。晴れたのは、西表で初めてだ。

車をヒッチして船浦に戻り、噂どおりにボロい鹿島丸で鳩間へ行く。

海がきれい。公民館近くの空き地にテントを張る。スケッチをする。

← 来間島 ← **八重山篇** ← 石垣市街 ← 竹富島 ← 石垣市街 ← 黒島 ← 南風見田（西表島） ← 大原（西表島） ← 森の中（西表島） ← 船浦（西表島） ← 干立（西表島） ← 鳩間島

3/8

今日も晴れ。快晴である。

スケッチをして海で泳ぐ。風があるので少し肌寒い。

スケッチをしていると、女の子（高校生？）が話しかけてくる。かわいい女の子で、なんとなくうれしい。

あたいのテント近くにテントが張ってあり、見てみると、おじさん（四〇くらい）であった。飯を食った後、おじさんのテントに酒を飲みに行く。一〇年近くフランス料理店のコックをやっていて、それを辞めてアルバイトなどをしつつ旅行をしているとのことである。五〇ccバイクで旅行しているようだ。顔が村上春樹に似てる。民謡が好きで、その研究をしているとのことである。

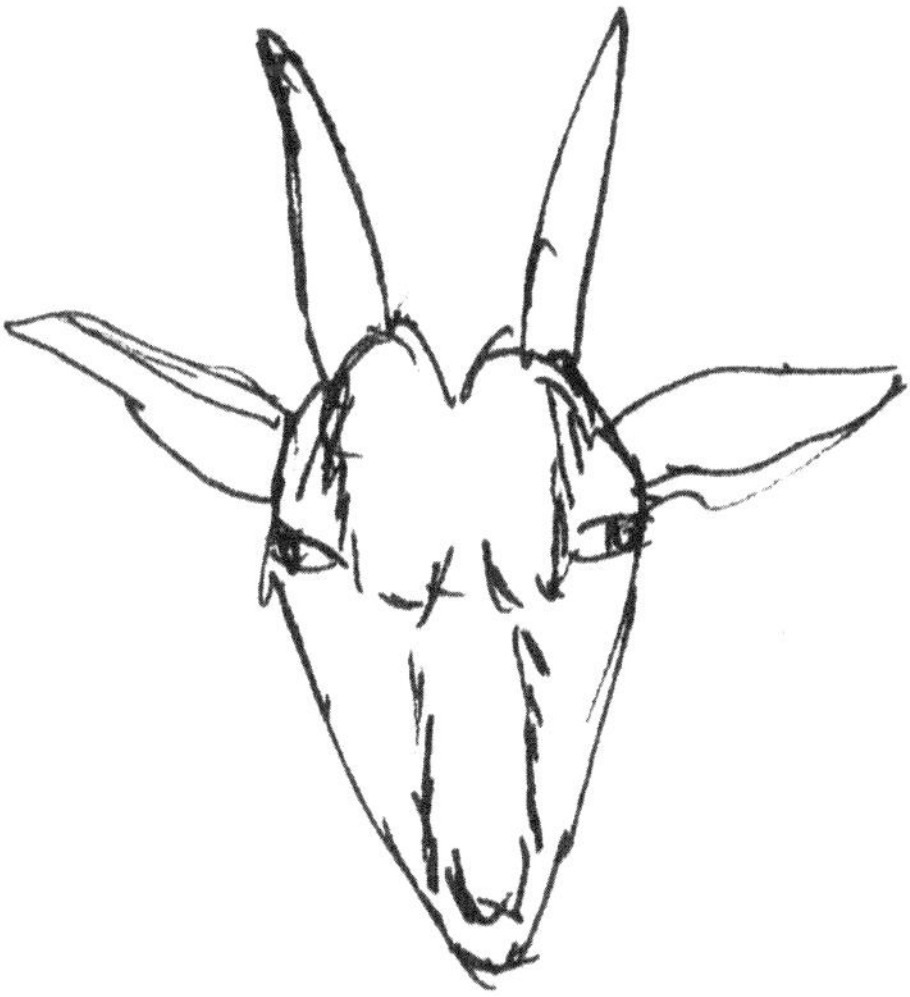

3/9

雲一つない快晴。さっそく泳ぐ。気持ちいい。

海はエメラルドグリーンで、やたらきれい。

泳いだ後、スケッチをしたりする。

夕方パパイヤをとってきて、元コックにサバの水煮と炒めてもらう。さすがに西表のじじいとは味が格段に違う。とてもうまい。また、酒を飲む。こうして飲むとオリオンビールもうまい。

離婚した話などをきく。自分の店を持つのが夢だそうだが、石垣がいいんじゃないか、という事に話がまとまる。

公民館では、三味線と太鼓を持ちだして、民謡を歌って騒いでいる。

3/10

今日も快晴。野いちごが大量にあるのを発見し食べまくる。うまい。泳ぐ。本当に気持ちいい。

公民館の使用料を一日一〇〇円とられるみたいだが、しばらく考えた末、ごまかすことに決定し、石垣への船に乗る。その前に元コックが西表へ行くのを見送る。朝ご飯は元コックがつくってくれたのだが、やはり上等であった。沖縄では、この「上等」という言葉を頻繁に使う。石垣まで二時間。さっそく高木家へ行ってみるが案の定、留守。ドアに「今日の船で帰ります。うんぬん」と田中君の伝言が書いてある。その横に来た旨を書きつづる。

市場前で一人描く。公園で寝る。

3/11

朝しばらくテントの前でくたばった後、高木宅に行くが、まだ留守。あてが外れて、途方に暮れる。

少し遠くの店まで、似顔絵の上に貼るビニールを買いに行く。帰るとき腹が痛くなり、近くの神社で一人苦しむ。

米原方面に向かうことにする。店で食料を買いだめし、車を拾って、川平公園へと来る。すでに夕方で、観光客はいない。仕方なくスケッチしていると、目の前に、忽然とオレンジに輝く満月が出現し、びっくりする。夕日を浴びて満月がオレンジ色に染まっているのだった。また、銀色の飴のような海を見ていると、鎌倉の夜の海を鮮明に思い出した。

どうでもいい事だが、女子中学生くらいの集団に、バカにされるように笑われる事がしばしばあるが、あれは腹が立つ。でも仕方ないだろう。

満月の光で、外はとても明るい。

3/12

今日も快晴かと思いきや、空の隅っこにあった黒雲がニョキニョキと拡がり豪雨と化す。

そのうえ、またしてもテントをアリに穴あけられ、ショックを受ける。雨のためアリを追いだす術がなく、アリと共に雨やどりする。

しかし、今日はどうしても金を儲けなければ、ここにきて、持参した金に手をつけるというタブーを破る事になる。でも、この雨じゃ無理だろうな。石垣市内ならいいけど、雨降りに海水浴場に来るバカはいまい。

しかし、十一時頃から始める。当然のごとく客は来ない。観光バスが来るには来るが、観光客は、強風と時折まじる小雨のため、すぐにバスに戻ってしまう。一時間半ほどやって誰も来ず、寒いし、どうしようかと途方に暮れる。が、ガラスボートの観光業者の人に呼ばれ、二人描く。

石垣市内まで車を拾って戻る。驚いたことに、高木さんがマンションにいる。本当にうれしかった。高木さんとみゆきさんと大塚君がいる。西表でのことなどを話す。高木さんは、似顔絵描きを港でやって、客を一人もとれなかった上に風邪をひいたみたいで、少し気分が悪そう。

市場前で似顔絵をやる。チエちゃんらに会う。よく見ると、チエちゃんは富田靖子に少し似ている。

ひさしぶりにしゃべりすぎたため、頭がボーっとするので、部屋に一時に戻る。その後、再びやって、警備のおやじを描く。

パパイヤとサバの水煮で焼きソバをつくって食べる。一人で寝る。

← 来間島 ← **八重山篇** ← 石垣市街 ← 竹富島 ← 石垣市街 ← 黒島 ← 南風見田（西表島）← 大原（西表島）← 森の中（西表島）← 船浦（西表島）← 干立（西表島）← 鳩間島 ← 川平（石垣島）← 石垣市街

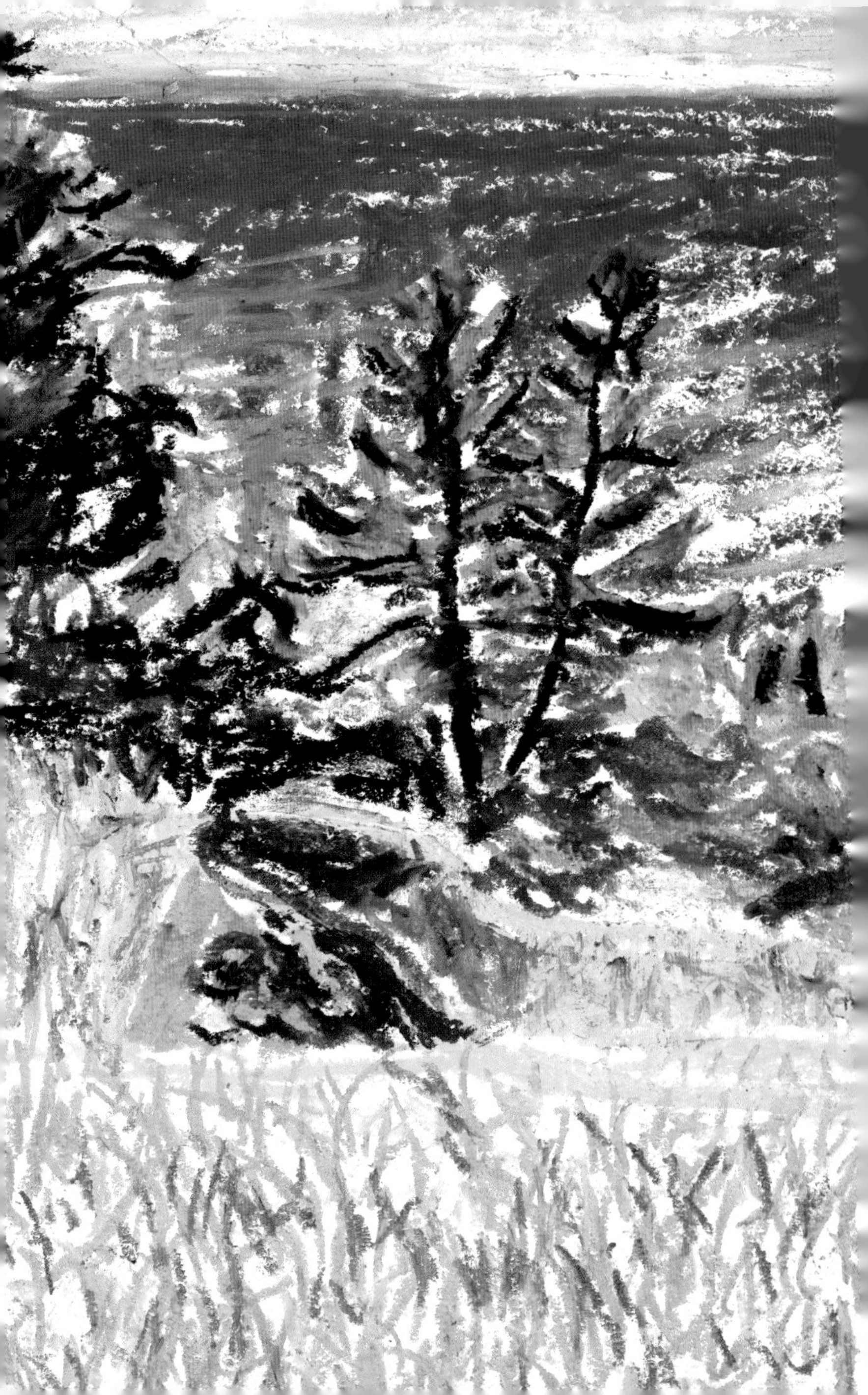

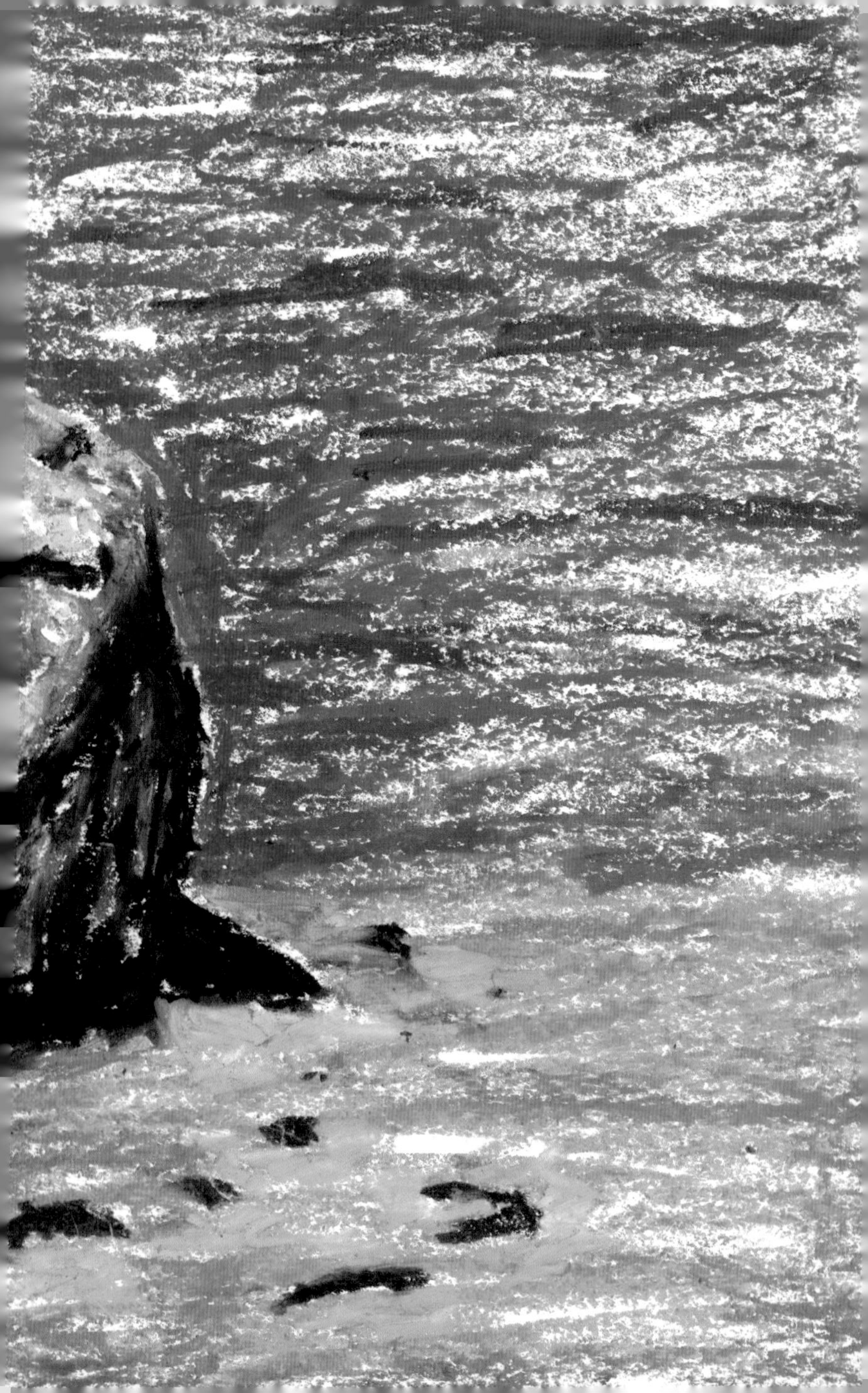

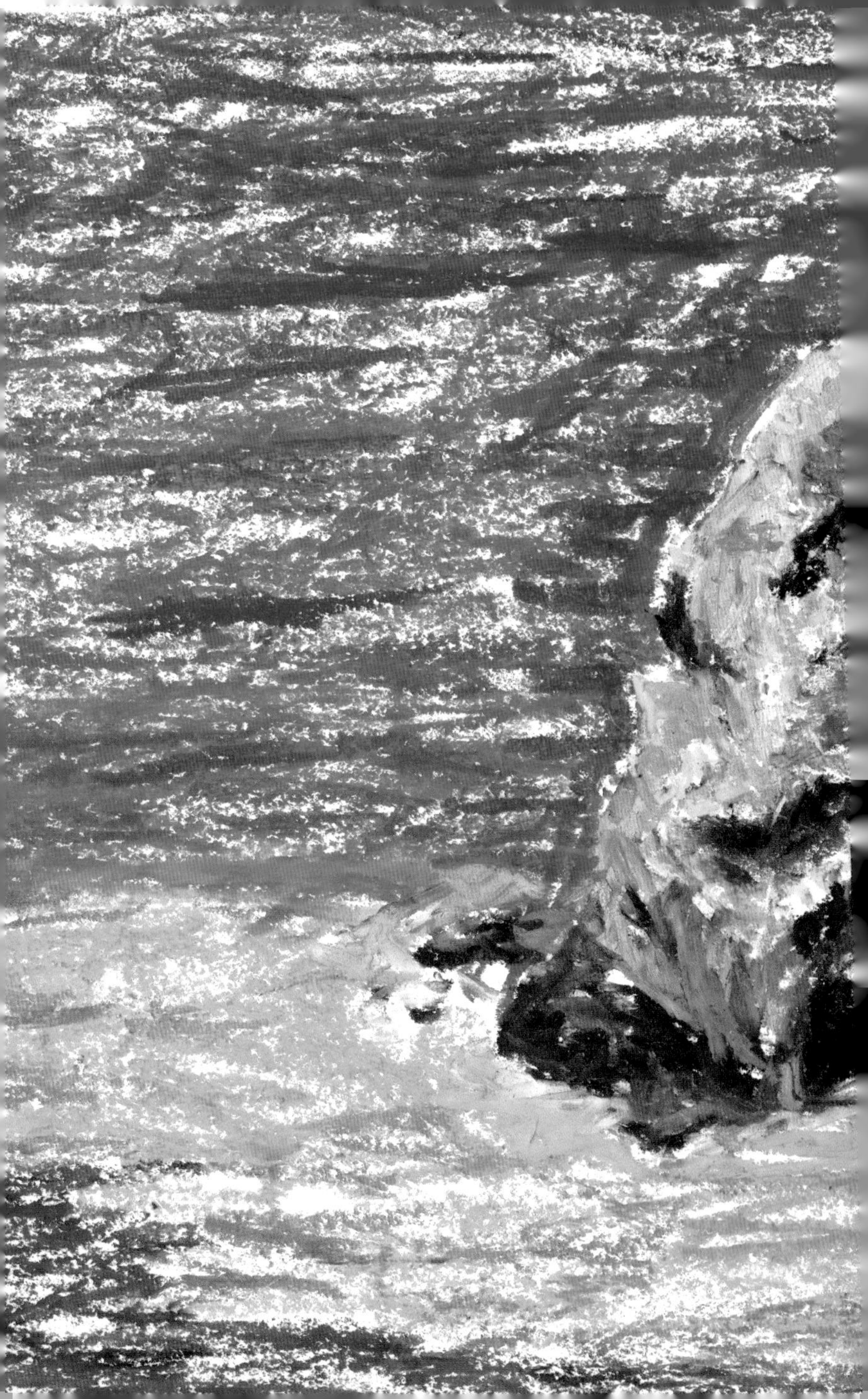

3/13

ごろごろしているうちに五時になる。実は、高木さんたちが海へのダイビングに誘いにくるのを待っていたのだが、二人だけで行ってしまったのだろう。残念。

おみやげとして、クバ笠（三五〇円）を買う。近くの電気屋で段ボールをもらってきて「似顔絵」のでかい看板（二・五メートル×一メートル）を高木さんのペンキで制作する。それでもって、また市場前で似顔絵描きをやったのだが、客は、ドロドロ展に来た中学生の女の子だけであった。一部の女子中学生の間で顔が知れているようで、見も知らない女の子からチョコレートやガムをもらったりする。市場のおばさんからもトマトをもらった。

目立ちゃ客が来るというものでもないかもしれない。占い師なんかは目立っていたら客がこないだろう。

夕闇に乗じて、パパイヤをかっぱらいに行く。遠くの駐車場でようやく見つけて取ってきたのはいいが、明るいところで見るとボコボコしていて、いかにも病気っぽい。切ってみると茶色くなっていて、さすがに食べるのは止めることにした。残念。

サバの味噌煮とポークとトマトを炒めて、マヨネーズで和えてパンにはさんで食べてみると、かなりおいしい。家に帰ったら料理の研究をしてみようと思っている。

3/14

朝、高木さんとみゆきさん、やってくる。高木さんと似顔絵の描きあいを行う。みゆきさん、風邪気味で家に戻る。

高木さんとジャズ喫茶で、だらだら、ねばる。

再び市場前で似顔絵描きをやる。いつものごとく客は来ない。

港で、ドロドロ文字の大きな看板で似顔絵描きをやっている高木さんの方をのぞいてみるが、こっちも客は一人もきていない。

恭平（兄）から送ってもらった学割証で石垣〜那覇の切符を買う。

3/14〜3/17

みゆきさんを再び呼んで、お別れパーティーをする。

夕方、船へ乗りこむ。夕日が美しい。

似顔絵屋を開業する。八人くらい描く。また、そのお礼に、あたいの似顔絵を描いてくれる。

← 来間島 ← **八重山篇** ← 石垣市街 ← 竹富島 ← 石垣市街 ← 黒島 ← 南風見田（西表島）← 大原（西表島）← 森の中（西表島）← 船浦（西表島）← 干立（西表島）← 鳩間島 ← 川平（石垣島）← 石垣市街

船酔いもせず、金も増え、夜半まで騒いでいた。

昼前に那覇に着いて、昨夜同室だった二人としばらく行動を共にする。夜、東京行きの船に乗る。

東大生がマッサージ屋を開業したり、食堂前で宴会したり、やくざのお姉さんみたいな人にヤシの実をもらったり、最後だからと女の子にはタダ同然で似顔絵を描いたりと、ベリー楽しい船であった（後に、この中から三人ロシアノーパンギャルズ［❖21］に入った）。東京に近づくに従って、ただイヤだイヤだという感情が高ぶって、なつかしさなどは、微塵もわいてこなかった。三ヶ月にわたる沖縄旅行は、あー楽しかったの一言である。

おしまい。

付記　東京に近づいてきたときに感じたことは、「イヤだ、イヤだ」というよりも、「しまった」という一言につきていた。

← 来間島 ← 八重山篇 ← 石垣市街 ← 竹富島 ← 石垣市街 ← 黒島 ← 南風見田(西表島) ← 大原(西表島) ← 森の中(西表島) ← 船浦(西表島) ← 干立(西表島) ← 鳩間島 ← 川平(石垣島) ← 石垣市街 ← ← 東京

10年後の沖縄

*二〇〇一年、ふたたび沖縄を旅しました。この章は、当時に書いたもの(手紙やブログ記事、日記など)をもとに、記憶を加えて構成しました。

2001年2月〜4月

沖縄到着

はやいですねぇ、飛行機。びっくりしました。

沖縄はいい天気です。でも、めたくちゃ暑いわけではない。ぬるい、という感じ。桜がまだ咲いてます。

中村さんの家は鉄筋コンクリート三階建ての一階なんだけど、やはり全然アパートの間取りの感覚がちがう。仕切りが少なくて、なんだろう、風通しがいい。便所が独特だ。天井を湾曲させて丸くしている。これはなぞ。鳥がたくさん鳴いています。ねむい。少し風邪気味でぼんやり、くたー、としています。

まぶい（魂）を落とす、ということが沖縄ではよくあるらしく、ひたすら、ぼーとしている感覚はそれに近いかもしれない。中村さんも最近バイクで事故って、まぶいを落としたらしく、数日後、事故現場に拾いに行ったそうだ。

これから、沖縄そば食うぞー。

那覇は連日暑いです。二月なのにTシャツ一枚で充分。

まぶいは徐々に取り戻している様子。沖縄、やっぱりいいなー。道を歩いてて心楽しい感じ。これは圧倒的に心楽しい。今、首里城に行って来ました。といっても、無料

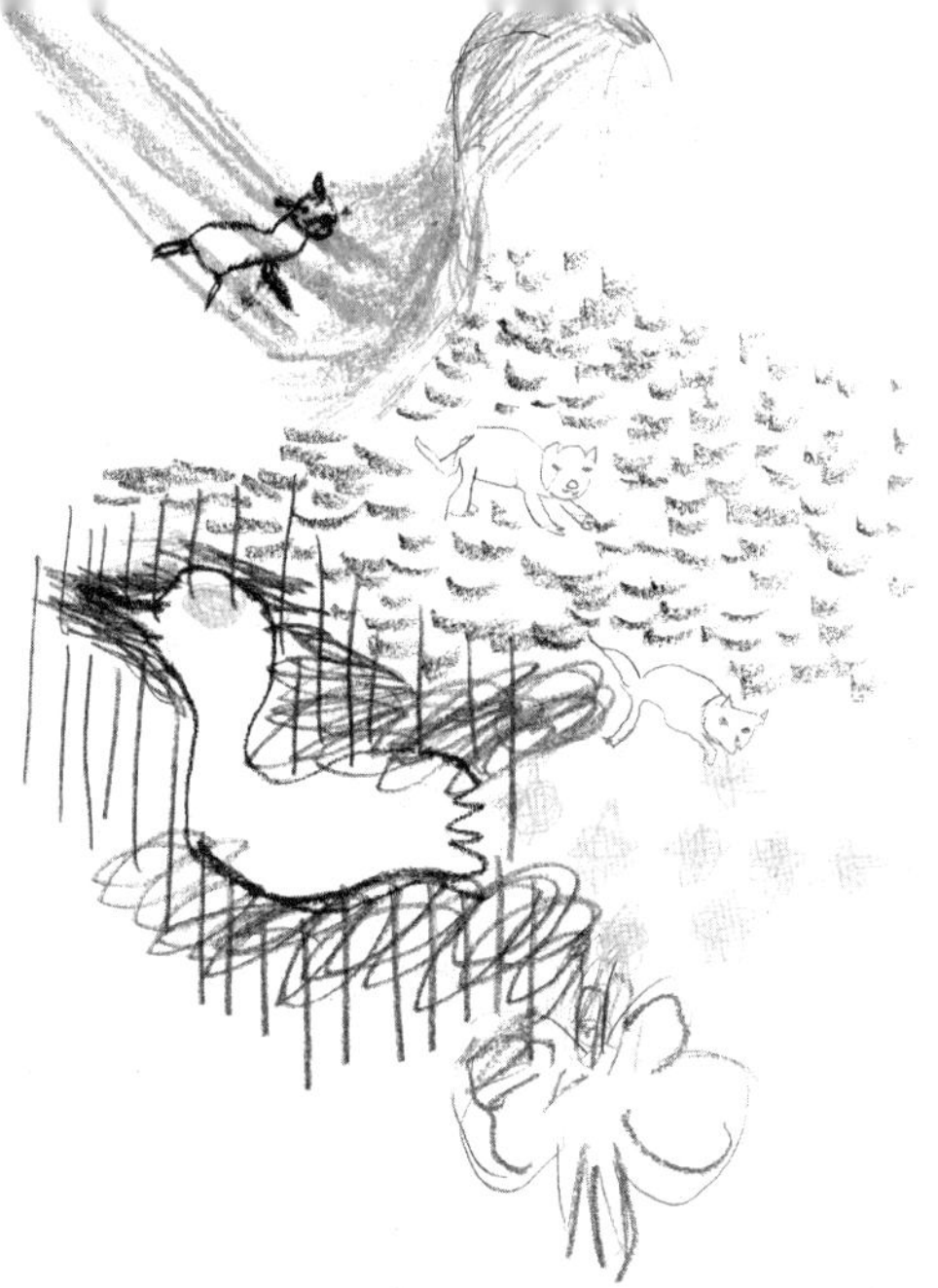

竜たん池

で入れるところまで。龍潭池というのがあるのですが、そこは最高。猫がうろうろし、アヒルがひよこを連れて池で泳ぎ、でかい蝶が舞って、鳥がさえずり、魚がうようよ泳いでます。桃源郷の様子。

昨日は、那覇の農連市場に行ってきました。那覇に公設市場は色々あるけど、ここはバラックで段違いに雑です。「国際通りを風のように歩く会」会長に連れて行ってもらったのですが、東南アジアのバザールを思い出しました。市場が一番活気づくのは地元の人が仕入れする朝五時頃らしく、もう午後だったので、たいていの店は畳んでいたけど。

会長は「ヤンバル元少年探検隊」の隊長でもある。ヤンバルというのは、森が広がる沖縄北部のこと。ヤンバルクイナのヤンバルです。ぼくも探検隊に参加しました。本部《もとぶ》半島の山中にある、計画倒れに終わった植物園に行き、なかなか面白かったです。ぼくは一人残って、ゆっくりと首里まで旅行することにしました。あと、絵はたくさん描いたのですが、出会った人にほとんどあげてしまいました。

今は、本部港でテントを張っていて寝る前。少し海が荒れていて波音がよく聞こえる。今日は風が強い。でも、小高い御嶽《うたき》の岩陰なのでテントは大丈夫だと思う。と、寝ようとしたが寒かった。この二、三日はこれまでと打って変わって冷え込んでいて、水筒で湯たんぽを作ったりしたものの寒くて眠れず。

今日は風は強いが晴れている。今年、初泳ぎ。水は冷たかったが気持ちよかった。名護というところ。けっこう大きい街なのに、海がすごくきれい。さっすが。

浜辺の公園

今、石川という街で、雨が降っていて、テントの中。

テントはなるべく「ああ、ここに張りたい」と思える場所に張ります。人目につきすぎず、つかなすぎず（人目に全くつかない場所にも、目立ちすぎる場所にも危険がある）、雨が降ったら水たまりになりにくく、晴れたら暑くなりすぎなくて、トイレや

水場に近く、商店からも遠くない方が望ましく、管理者から怒られないような景色の良いところ。でも実際には、そんなところはほとんどありません。観念の中の、テントを張りたい場所となるべく重なるところを妥協しながら探すしかありません。

今、テントを張っている場所は、砂浜と海が正面にひろがり、少し高くなっている芝生の上で、松の木の下。人目にはつきやすいが怒られる心配はないところ。となりの木に手製のブランコが下がっていて、そこが気に入りました。

こうしてテントで、こんな風に天気がさえなかったりすると、何でこんなことしているのだろうか？ 他にやるべきことはなかったのか？ という気持ちに少しなってきたりします。沖縄でのテント生活は「自分の居場所」ではないのかもしれないという不安です。これは、テントを張る場所ということより一段深い居場所の問題です。

雨があがったみたいなので、街へ散歩に行ってきます。

石川というのは、今はさびれてしまった街で、市場のほとんどの店はつぶれていた。街中に、養豚場反対の立て看板がならび、それが街をいっそうさびしいものにしている。

テントを張っている浜の波打ち際には、食用に適さない海草が一面に打ち上げられていて、海も名護にくらべ少し汚れているようだった。

浜は簡単な公園になっていて、朝から手持ちぶさたな男たちが集まって酒を飲んでいる。地元の人は、彼らのことを「酒のみ」とか「ビーチボーイ」と呼ぶ。そして、ぼくも話の輪に加わったり酒を飲んだりしていたのだが……これが楽しかった。このだらだら感、やるせないグルーヴ感、けんかしたりとめてみたり、自慢したり、すぐにセックスの話（ホウミィというらしい。宝見ということらしい）、中学のころを思い出すような、この感じ。

ホームレスかと思ったら、それぞれ結婚していたり、子どももいたり。仕事もないから家に居にくい人が多いようだった。仕事がある人は、終わってからやってくる。短い付き合いだったが、印象深い人が多かった。七回結婚して、短気でケンカの強い中島さん。人を殺して刑務所に入っていたこともあるそうだ。似顔絵を描いてあげたら、すごく喜んでいた。石川、ぼくは気に入りました。沖縄には少ない銭湯もあるし。

テントから道をはさんだところに家がある平良さんは琉球舞踊の先生で、練習を見学に行った。平良さんは、朝起会というのもやっていて、これは倫理なんとかという、家族を大切にし（例えば、妻は夫を立てて「はい」の実践をするとか）、ひいては国を守るというような封建的な宗教団体の活動。いかにも合わなそうだったけど、（おにぎりや服をもらっていたこともあり）早起きして参加してみた。でも、もう会は終わっていて、みなでお茶を飲んでいた。団体の趣旨より、みんなで集まって、だらだらするのが楽しみであるような、ある意味、浜の男たちと同じような印象で少しほっとし

た。そして、そこの人たち三人と嘉手納基地[❖22]のなかでやっているフリマーケットに出かけたのだった。

基地の街

コザはまさに基地の街で、表通りにはアメリカ人向けの商店が並び、アメリカ人がウロウロしている。

基地と市街地の境のゲート近くで、物乞いをしているおじさんと知り合いになった。

まず驚いたのが、夜遅くまで頑張れば一万、多いと三万くらいになるという話。そして、話している間にもアメリカ人たちが、破れ帽を入れた汚い洗面器の中にチャリンチャリンとセントを落としていく（他の人たちも、洗面器＋帽子というスタイルだった）。

物乞いするのにゲート前は良い場所だねと言うと、暴力的に他の人から奪いとったんだ、だから誰かから暴力的に奪われるかもしれない、とのこと。

そのうちに、「家に泊まっていけ」と言い出したのには驚いた。

「え、家あるんですか？」

「あるさ。このぼうぼうのヒゲとか頭とか、ワザとやってんだよ。そうしないと入んないからさ。あと、やっている時は、酒を飲まない。酒代になると思うと入れないんだよ。まあ、家に帰って飲むんだけど」

その日は予定があったから、また今度泊めてもらいますと言ったら、「二〇日すぎがいいな。二〇日が給料日だから。いいとこ飲みに連れてってやるよ」。お人よしなのだ。たまに賃労働もしている様子。そのうえに週末には物乞い、なんだかんだいって、けっこう働いている。

はじめた頃は、顔に唾をはきかけられたり、お金を入れる帽子を持っていかれたりしたらしい。今では、顔見知りになってきて、そういうことはあまりなくなったという。

ドロドロのこと

だいぶ日にちが経ちました。

テントを張っているのは石垣島の白保。以前、新空港をつくるともめていたところ。浜の小屋の隣にテントを張ったのだけど、その小屋で寄り合いが開かれているらしい。

こういう場合、ちょっと来て飲め、ということになりがちだけど、どうなるのか？
飲めということにはならなかった。空港の計画は形を変えて続いているらしく小屋の中からは激論している大声がしてきて、物別れになったのか何人かが戸を開けて荒々しく出ていく様子だった[❖23]。

中村さんから、「どうやら、ドロドロが死んだらしい」と聞いたのが二、三年前。詳しいことはわからなかった。親しく過ごした人が死んだのははじめてだった。それは、ずーっと意識の中にあった。

石垣島にある雑貨屋の夫婦に、ドロドロのパートナーがゲストハウスを今春オープンしたと聞いた。中村さんが紹介してくれた、この夫婦も面白い。夫は、米原キャンプ場に一〇年も住んでいたとのこと。彼は、ドロドロのリサイタルを聞いたそうだ。「似顔絵一枚五〇〇円」を何十分も延々繰り返す歌（なつかしい、ぼくと一緒に作った歌だ）、い──ち──ご──、というだけの「いちご」など凄いものだったらしい。

浜に面した、「あかばなー」という、とてもきれいなゲストハウスだった。ドロドロのイメージとのギャップを少し感じた。ゲストハウスはダイバー向けのものだと聞いていたし、白保の海で手を引いてくれた、みゆきさんがやっているものだと思いこんでいた。「こんにちは」。出てきた女の人に早速「あの小川です」と話すが、相手は怪訝な顔。みゆきさんではなく、めぐみさんという方だった。

高木さんに世話になって、とあれこれ話したら、めぐみさんはいったん引っこんで、「ごめん、すぐ湿っぽくなって」

ドロドロの死因は胃ガンで、でも検査で分かる寸前まで（けっこう進行していたのに）たくさん食べるし、健康そのものにみえたそうだ。

九八年四月、ドロドロは広島で買った小型船に乗って、一ヶ月かけて石垣まで戻ってきた。二人の念願だったダイビングショップを西表島で開くための多忙の日々。胃痛もそのためだと思っていたらしい。小型船で西表島に引っ越しをして、店のオープン前日にガンが発見された。店は取りやめにして、実家の静岡で入院。結局、再び沖縄の土を踏むことなく翌年三月に亡くなった。まだ三九才だった。

めぐみさんとの間には、「ありあ」ちゃんという一人娘がいる。ありあちゃんの中にドロドロの面影を感じた。ちょっと意地っ張りなところも似ている。ドロドロが亡くなったときは一才九ヶ月。

ドロドロの小型船を見に行ったり、ドロドロの作品を見たりした。作品はベニヤを切りぬく方法になっていたけど、やはり赤一色。パイプ管をねじまげた遺作も、赤。

ゲストハウスは、めぐみさんとめぐみさんのお母さんの二人でやっている。お母さんが神戸で震災をうけて大変だった時、力持ちのドロドロはとても役立ったそうだ。庭に、神戸震災似顔絵という看板があった。神戸で似顔絵を描いて、そのお金を寄付したらしい。

ドロドロが亡くなる直前の日記をめぐみさんに見せていただいた。

※以下は、日記から抜粋・整序したものです。

1月4日

世の中には暗黙のルールが多すぎる。

この一線を越えてはならないとか、彼に従わねばならないとか。

自分が子供の時から徹底的にいじめられたのは、その暗黙のルールを知っていながら全く無視し続けた事が原因なんだ。

暗黙のルールによって自己の自由を妨げられる事が死ぬほど嫌いだ。時には、その暗黙のルールが細かく社会や組織の中にも幅をきかせ、それを利用する人間とそれにのみこまれる人間に分けられる。自分は、それが人間関係とか友情だとか一度も思ったことがないから、疎外されてばかりいた。こういう所での自分は存在しない。利用する側になるにはあまりにもやさしすぎるし、利用されるのは全く嫌いだ。だからそこには自分がいない。自分のような人間は、社会性がなく大人になりきれないとか、孤独だとか変人だとかいくらでも言えるが、これこそ自分が貫いた反暗黙ルール主義だ。サルのような社会から離脱している。

1月23日

幼い頃の洗脳を否定したい。

それを否定する事ができるなら、大きく深呼吸できる気がする。自己を失った自己からきっと自由になれる気がする。

「自分は人間のクズだ。何をやってもダメなクズ」。自分がうけた地獄の日々を全て書き遺して永久に残したい思いが毎日あった。母親が自分をどうしたかったのか全くわからないが、人生で最大で最深の苦しみであった事は間違いない。そして自分の人生の戦いとはマイナス封印を消す事であるし、洗脳からの脱出なのだ。一生の大仕事だ。

2月15日

死ぬ覚悟ができている自分が不思議だ。死ぬ事が全く恐くない。

死ぬ時の痛みや苦しみがなければいいと思う。

残された人間は死ぬ人間よりもつらいはず。

人生を振り返って——自分は、与えられた境遇と与えられた素質と与えられた運命に対し、一途に対応し精いっぱい生きたと思う。成功、失敗を別にすれば、何事にもびくびくしながらも面白がりながらも体当たりで対応し、運命に対面してきた。だから少しも悔いはない。だが時間があれば、もっとできるのにと思う。仕事も芸術も家庭も。

2月18日

可能性を殺すような教育はいけない。

自分の場合、必ず他と比較された。隣の子供は言葉を知っている、向かいの子供は積極的だ、親戚の子供は頭がいい、親もかつては優等生だった、など。比較されてしまうと絶望的に劣等感を背負う。必ず上には上がいるから、オリンピックで金メダルをとってはじめて認められるというものだ。金メダルを取れない人々は全て人間のクズだった。

そして自分よりも劣る人間に対しては非常に優越感を持ってしまう。そんな考えで育児なんかしたら子供は腐ってしまう。親の見栄や都合で子供を作りあげようとする。

全くとんでもなくおごった話だ。

子供は愛情が必要だ。スキンシップが必要だ。会話が必要だ。親に作り上げられるわけじゃない。

自分の場合、その比較教育で人格が作られてしまった部分があると思う。自分で他と自をとても比較する、優か劣か？　10才までそんな教育を受けたから、それから脱することが人生の全てだったように思える。

良いも悪いも自分自身を必死に守りたかった。誰も守る人がいなかったから。妻と会うまでは。

気が小さくても、女の腐ったような男［❖24］でも、頭が悪くても、要領が悪くても、それが個性だと思えるまでずいぶん苦労した。

自分を解放できる事は、とてもすばらしい。

あえて人と違う事をしては、自分をもう一人の自分が責めまくっていて。もう一人の自分とは、母親なんだ。自分は責められても責められても、死んでも耐えると決意した。だが、それで自分の一生は終わってしまいそうだ。この後が発展の段階だと思っていたのに。

ありあには、こんな思いはさせない。

自分と親とは精神的に何のつながりもなかった。

ありあを守るのは自分達だ。過保護に愛情を注いであげたい。大声で叫んだり、走ったり、笑ったり、泣いたりできるように見守りたい。良いも悪いもすべて受け入れる親でありたい。ありあは、ありあ自身絶対的な存在なんだ。かけがえのない魂なんだと、大事なんだと知って欲しい。
そして生きる事が楽しいと思えるようになって欲しい。

2月20日
一生のうちで自分が一番幸運だったことは妻との出会いだ。自分は彼女と出会って変わった。孤独ではなくなった。彼女のような人間は非常に稀少だと思う。6年間という短い期間だったが自分の生活は妻なくてはない。全身で愛した。全てが良い思い出だ。全部、美しい思い出だ。自分が先に死んで悲しませる事などしたくなかった。大事だ。大事な宝だ。自分にはあまりにももったいない女性だ。

2月21日
自分が子供に伝える事のできるのはドロドロ精神だ。夢も実現したとはいえない、仕事だって。が、中途半端でも挑戦した。人のやる前にやった。人のやらない事もやった。超人だからではなく、勇気があるからだ。誰でもできる事を誰もしない。そういう事を勇気だけで挑戦する。それがドロドロ精神の一つ。

3月4日
人間の感情までが純粋ではなくなっている。

悲しいから泣くという単純なものではなく、場面を自分勝手に悲劇にしてしまう（ドラマの記憶で）。そして悲しい自分を作り上げ泣く。泣く自分を感じて再び悲劇にしてしまう。人の泣く姿を見て泣く。本当の自分の感情はどこにあるのか？

3月11日

死を目前に感じて毎日時間が過ぎていく。

貴重な時間だ。無駄にしたくない。自分でできる事を何でもやっておきたい。何でも味わっておきたい。今さら計画も勉強もないけど。残り少ない。試験日までの受験勉強とは違う。もう終わりなんだ！

体の異常が出るたびに、自分は死に近づいていると感じる。

3月16日

正しいか正しくないかで生きてきたつもりはない。

ただへそまがりなだけかもしれない。だが全員が右を向く時一人だけ左を向くのは非常にエネルギーを必要とする。でもそうやって生きてきたんだ。生死の恐怖、強い者への服従というのがいやなんだ。

自分をごまかすのができない人は組織、グループに入りにくい。うまくごまかしても心のどこかで苦しい。そういう人間は実は多いはずだ。でも、ごまかす人々が多いから資本社会が成り立つ。だが、いずれそういう意識では企業は成り立たなくなる。人の気持ちはもっと素直に自由に強くなるから。アウトサイダーでも成り立つ組織がこれからの有り方だと思う。

ドロドロ高木が亡くなったのは三月二十三日。最後の日記から一週間後のことだった。

めぐみさんの家に泊めてもらうことになった。「墓はどこですか」と聞いてみると、「高木の遺志で波照間島の海に散骨しました」ということだった。めぐみさんの家の前はもう海で。

翌日、半日かけて、浜に打ちあげられた漂流物を集めた。満ち潮にのせて、ドロドロが僕に送ってくれたと思われるようなものを拾った。当然、これがそうだと確信できはしないので、なんとなく集めた。船のウキに、流木、サンゴ、やしの実、海草やがらくた、などなど。それを浮くように組み合わせて、ところどころ赤のペンキで塗った。こうしておけばドロドロにも分かるだろう。なかなか、おかしなものになった。ぼくとしてはドロドロとの共同制作のつもりだ。

翌朝、引き潮の時間に、めぐみさん、めぐみさんのお母さん、ありあに集まってもらって、作った船を海に返した。すこしずつ、沖へと流れていく。ぼくは、服を脱いで海に入り、船のまわりを泳いだ。冷たくはなかった。それから、浜にあがって「ドロドロー」と叫んだ。これは、やりたかった。もう二回、叫んだ。

しばらく、その浜でボーとしていると、その船が戻ってきているのが見えた。少し離れたところに打ち上がってしまった。ぼくは、ありあと共に岬まで船を持って行った。今度は、ありあの摘んだ花をたくさん飾ってみた。船は再び、ゆらゆら遠ざかっていった。

今日は暑い。米原で泳いで(シュノーケリング)、ソバを食べて昼寝をしようとしているところ。知花食堂というところで食べた。いい感じの店で、店先のベンチで書いています。ソバは三五〇円で大盛りだったけど、汁がぬるくて、やる気ないムード満点。看板がかわいい。メニューが四つしかなかったな。リーフ内はサンゴがほとんど死んでいたけど、熱帯魚がウヨウヨ泳いでいた。

ここしばらく泊めてもらっているのは、吉原というところにある、女の人三人と子ども一人で暮らしている家。三人ともナイチャー(本土の人)で四〇代、それぞれに離婚などを経て、暮らしはじめて六年目。なんと、短大の元同級生。犬と猫とニワトリが一匹ずつ。コーラルブルーの海が一望できる高台に建つ、大きな一軒家です。二泊の予定だったけど、一週間くらい、いようかなと思っています。

昨夜はスーファミの「ぷよぷよ」で盛りあがった。ねるとこ、さがそう。

首里 ← 本部 ← 石川 ← コザ ← 白保（石垣島）← 新川（石垣島）← 吉原（石垣島）← 南風見田（西表島）

徳三のこと

西表徳三の住んでいた、西表島の南風見田《はいみだ》という遠浅のビーチでテントを張っています。今日は暑い。真夏のよう。洗濯をして日陰で休んでいます。このビーチは小さな集落まで六キロくらいあって、人里はなれている。この浜には、テントや小屋で住んでいる人が一〇人くらいいます。奥の方にいる人は二〇年も張っていたり、キャンパーという言葉がふさわしいか分からないかんじです。

石垣島の雑貨屋で、西表徳三が死んだという話も聞いた。徳三が救急車の担架から落ちた、と言っていた。どういうことか不明だったが、何だか徳三らしくて笑ってしまった。

徳三の話を生前の知人から聞いてみたり、住居跡に行ってみようと思った。

キャンパーたちがテントを張っているエリアから、砂浜と岩場が繰り返す海岸を西へ歩いて行くと、干物の籠と洗濯物が下がっていた。そして、木立の中でハンモックに腰かけ、にこやかに笑う、松崎しげるのような男。きれいに日焼けした顔に白い歯。軽く手を挙げたようだ。ぼくは徳三のことを聞くために近づいた。

しかし、徳三は六年前に死んだ、その時は、まだここにいなかったから、あまり知らないとのことだった。彼の小屋の端正な佇まいには驚いた。小さな庭には、ししおどしまであった。お茶を出してくれる。しかし、にこやかでさわやかな最初の印象とは違い、沈鬱な表情で沈黙が長い人だった。時たましか目を合わせず、下を見ている。沖縄と北海道を行ったり来たりしているらしい。何を聞いていいのか少し困った。手作りルアーを見せてくれた時は、生き生きした様子で「こんなんで釣れるんだよ、笑っちゃうよな」。思い切って、寂しくないか？　と聞くと「ない」ときっぱり。でも、「ずっと一人でいると頭がおかしくなると困るから、たまに話をする」。少しドキリ。女の人がたまに遊びにくるらしい。もしかして、ぼくを女性と誤認して合図を送ったのかな、と思った。

彼の話では、さらに西に、徳三と親しかった人が住んでいるとのこと。三〇分くらい歩くと、くたびれたキャンプ用テントを発見する。どこからともなくヨレヨレな感じのおじさんが現れた。徳三のことを尋ねると、「まぁこい」とテント前に案内される。少し、ろれつがまわっていない。「酒のむか？」白濁している。断る。もう三日も飲み続けているという。お茶を出してもらい話を聞く。たくさんのことが分かった。

徳三の生まれは西表島の祖納《そない》で、若い頃は地方紙の記者をやっていたそうだ。ただ、昔の新聞記者は、記事にしてやるという口実のもとのタカリのようなものだったとのこと。南風見田には一〇年住むと言って、ちょうど一〇年目に死んだらしい。小屋の中で死んでいたらしいが、頭部にひどい陥没があったから自然死とは思われなかったけど、警察は簡単に処理したらしい。死ぬ少し前、ウチナンチュ二人のテントに入っ

首里←本部←石川←コザ←白保（石垣島）←新川（石垣島）←吉原（石垣島）←南風見田（西表島）

て勝手に酒を飲んで袋叩きにあい、浜にある更衣室に一晩とじこめられたこともあったようだ。おじさんは、このウチナンチュたちが怪しいと疑っていた。遺体は父親が引き取ったとのこと。

おじさんは晩年の徳三を避けていたという。徳三はテントにやってくると三日くらい動かなくて、「酒をだせ」。「ない」と言うと「買ってこい」。徳三に「金はあるのか?」と聞くと「俺がないこと分かってるだろ」。仕方なく「酒買って自分のところで飲め、来るなよ」と五〇〇円を渡すと、それが夜の一時でも二時でも集落まで歩いて、商店のシャッターをたたき、酒とかまぼこを買う。律儀なところもあって、翌日、酒をもってきたりする。そして、二日くらい寝る。酒を置いておくと勝手に飲むから、空ビンのように、そこらに放って半分だけ砂に埋めたりして隠した。イノシシは滅多に捕れなかったそうだ。見回りに行かないから、ワナにかかっても腐ってしまう。ハエがぶんぶん飛び回る中、肩や足など腐ってない部分を切り取って燻製にしたらしい。それをツマミとして持ってきたりもする。猟期になると、地元の人が仕掛けたワナにかかったイノシシを盗ったりもしたらしい。「泥棒といわれたのは、そのせいですか?」と尋ねると「昔は、とれたものは共有していて、例えば、網に魚がかかっていて仕掛けた人がいなかったら、勝手に取っても良かった。村の掟というか。今はそんなことは全くないけど」とのこと。「子どもがいるって言っていましたけど」と聞くと「宮古島に女を買えるところがあったから。石垣にも前はあった。自分の小屋に入るとき、かあちゃんただいま、なんて言ったりして。バカか。かあちゃんも子どもも幻想だよ」
徳三の遺品（鍋など）を持っていったキャンパーたちは、その後、大けがしているという伝説もあるそうだ。

石垣島でも話題になっていたが、おじさんの近くのテントで、二、三週間前に変死体が見つかったらしい。第一発見者はおじさん。どうも臭いな、と思って行ってみると腐敗していた。その一ヶ月前くらいにやってきて、全く口をきかなかったらしい。川まで往復する以外テントから出なかったようだ。近くの不在のテントから、釣り竿などを自分のテントに運んだという。しかし、コッヘル（食器）などを使った形跡がなかったというから、生きる気があったのか、死ぬつもりだったのか。身元を示すものは一切なかったとのこと。たぶん餓死だろうとおじさんは言っていた。墓まいりに行こう、とおじさんが言うから一緒に訪れた。遺体を発見する二週間前くらいに、おじさんが石を積んだらしい。ケルン（登山用語で道標や慰霊碑をあらわす）と呼んでいた。「自分の墓を作っちゃったかな、と思っていたんだけど、その頃、テントの男が死んでたんだなぁ」。墓の脇のカゴに、遺留品が入っていた。警察は押収しなかったそうだ。よく見なかったけど、白い歯ブラシとボールペンとサンダルがあった。地下足袋とカマがなくなったようだ。ある人を墓参りに連れてきた時に、「足袋とカマ、欲しいなぁ、欲しいなぁ」と言っていたとのこと。「そのカマが急に首に回ってきたらどうする」と言うと、その時は持っていかなかったそうだ。が、たぶんあいつだろうと苦笑いをしていた。

おじさんは、息子さんが来ましたよ、なんて墓に声をかけていた。平気な顔をしていたが、おじさんにとって、この死はかなり堪えていたのではないだろうか。おじさんも北海道と沖縄を行ったり来たりしているそうだ。自然観察をしているとのことで、たしかに植物や動物に、とても詳しかった。テントの中には薬草らしい植物が、たくさん、ぶら下がっていた。お昼時になったので、ぼくがおにぎりを取り出すと、おじさん「自分で握って持ってきたのか」。お茶の入った水筒を取り出すと「お茶まで持ってくるとは、お前、只者じゃないな」。なんかトンチンカンで、おかしかった。

おじさんに、行きは見過ごしていた徳三の住居跡に連れて行ってもらった。徳三の後にヤサイじぃという人が入って死に、今はガンじぃというガンジーにそっくりな人がいるらしい。おじさんは、ヒマだからと言って、南風見田までついてきた。ぼくのテントでお茶を飲み「酒飲みじゃないから嫌だなぁ。今は酒飲みがいないんだよ」。女の人を見ると「マツタケほしい、大きなマツタケほしい」。だらしなくなっている。そして、ぼくの隣のキャンパーに「酒買ってこい」と言って「もう遅いからヤだ。飲みすぎだよ」と断られていた。ぼくが、二代目徳三と言うと嫌な顔をした。雨が降ってきたので、おじさんは雨宿りすると休憩舎に行ったが、後で見に行くと、いなかった。

首里 ← 本部 ← 石川 ← コザ ← 白保（石垣島） ← 新川（石垣島） ← 吉原（石垣島） ← 南風見田（西表島） ← 船浮（西表島）

新しい村

南風見田の浜から、きれぎれに笛の音が聞こえてきた。海の中で、横笛を吹いている女の子が二人いた。彼女たちもしばらくテントで滞在しているのだという。女の子の一人は、結婚寸前に恋人と別れて、突如ここまでやってきた。だから、テントも借り物だし、船の毛布をもってきて寝ていた。貝殻でオタマを作ったり、石を熱してパンを焼いたり。その暮らしぶりを見ていると、準備万端キャンプ道具を持った自分が恥ずかしい。

その女の子たちとレンタカーで島内めぐりをしたとき、道が通っていないため船でしか行けない船浮という集落がすごく良くて、もう一度、船浮を訪れることにしました。

道は舗装されてなくて、雑貨屋が一軒。一度目はあんなにいいと思ったのに、また来てみるとそれほどでもない気もします。不思議だなぁ。西表の人は、わりとつっけんどんで、ぼくには味気なくさびしい感じがします。そのため話すのは旅行者が多いのですが、今、少し離れたところにテントを張っているのは、いつもジーパンにジージャン、カウボーイハットを被っている五〇才の男性。末っ子が一八才になった時から旅行をはじめて、四年目。子どもには、世界旅行に行くと言って出かけたけど、韓

首里 ←
本部 ←
石川 ←
コザ ←
白保（石垣島）←
新川（石垣島）←
吉原（石垣島）←
南風見田（西表島）←
船浮（西表島）

国で言葉が通じなくて挫折したとのこと。ここは、テント張っても追い出されないからいい、と言っていました。

こうして旅行していると、色んな人たちが、居場所を求め、様々な場所を作ったり失ったり守ったりしていることが普段よりずっとみえる。おそらく、旅行するということが（特にテントだと）居場所をさがすという行為を大いに含んでいるので、そのようなことに敏感になっているためもあるでしょう。

カウボーイハットの井上さんは、さらに離れたところにある崎山［❖25］という廃村を再興しようとする人たちから、住人にならないかと誘われているそうです。近日、下見に行くそうなのですが、ぼくも一緒に行けたらいいなぁ。

ぼくがテントを張っている裏の浜と集落を結ぶ森の中では、日が落ちる数十分、ものすごい数の蛍が乱舞する。それを見ているのは、ぼく一人だけ。体温がじんわり上がるほど美しい。

ぼくは小さな島というのが大好きで、それは、そこに一つの完結した世界があるからです。船浮は離島ではありませんが、条件として同じなので、やはり独自な世界があるように思います。一つ一つの場所に、その世界における生きた意味づけがあれば、旅行者にもマジカルな魅力を感じとることができます。

行ってきました、崎山。二泊の予定が、天気が悪く海が荒れたせいで三泊四日。

漁船をチャーターして、船浮を出発したのが、村長格の下地さん、坂本さん、井上さんとぼく。坂本さんは、下地さんと素泊まり民宿の隣部屋どうし。仕事をやめて、石垣の白保に一ヶ月いたけど、天候不順で釣船を出してもらえず、船浮に来てみることにしたということだった。

下地さんは、眼鏡をかけた小太りの人で、どうという第一印象はなかった（あとで似顔絵を描いている時に気付いたが、仏のような柔和な顔立ちをしていた）。

リーフを出ると波が荒くて、ガクンガクン振り落とされそうな揺れだった。崎山湾に入り、船はスピードを落とした。海からすぐに急斜面の山で、入り江のところに家が見えた。

我々を出迎えてくれたのが、ヒゲもじゃで彫り

首里 ← 本部 ← 石川 ← コザ ← 白保（石垣島）← 新川（石垣島）← 吉原（石垣島）← 南風見田（西表島）← 船浮（西表島）← 崎山（西表島）

の深い、なかなか素敵な雰囲気の天宮さん。一人で一〇日いたらしい。ぼくは、すでに数人は住み始めているのかと思っていたから、アレーと思った。聞いてみると、昨年の十一月から手を入れたところで、本当にまだ始まったばかりなのだ。小屋が一つと作りかけの家と薬草園があるだけだった。一日目はすぐに日が落ちて暗くなった。日本・世界（中近東・アフリカ）でシェフをしていたという天宮さんのつくった料理（忘れた。でも汁の貝は下剤としても使われるらしく、その夜ひどい下痢になってしまった）を食べ、たまたまあった将棋をやったのだが、井上さんがメチャクチャ強かった。全員に飛角抜きで勝っていた（その後、毎夜、将棋をやっていた）。ハブが多いらしく、なんとなく不安。

二日目は、山に入り、崎山御嶽へ行った。外からは単なる山にしか見えないが、石垣がたくさんあり村の跡がはっきりとある。琉球王国による一七五五年の強制移民時には四〇〇人以上の人が住んでいたのだ。御嶽で拝んだ後、移民たちがはじめに村を築こうとしたヌバン浜へと拾いものを兼ね散策に行く。ポリタンクや籠、石炭（戦前、この一帯では炭鉱が

盛んだった[❖26])、貝を持って帰る。かなりの距離を歩いた。

三日目はコウモリをパチンコで捕るという天宮さんに付いて歩いたり、スケッチをしたり。天宮さんの作っている家は、海に面した日当たりのいい場所で、松に登ると見晴台がある。井上さんがたくさんの貝とウツボを取ってきた。井上さんは貝採りの名人で、しかも何でも(ソテツ、クワズイモ、カラスなど)食べようとする雑食性の胃袋の持ち主。天宮さんの料理したウツボはウナギよりおいしかった。

夜になると、村をつくろうとする思いを下地さんに聞くことができた。

二〇代のころは、お金がたくさんあって、夜遊びばかりしていて離婚(一人息子は母方へ)。三〇才で出家しようかと思ったが、一万円だけを持って放浪の旅。その時、このあたりを歩き回ったそうだ。山でとったジュズダマという薬草を船浦で売ったら、飛ぶように売れて、そこから薬草への関心につながっ

首里←本部←石川←コザ←白保(石垣島)←新川(石垣島)←吉原(石垣島)←南風見田(西表島)←船浮(西表島)←崎山(西表島)

た。お金ばかりの世の中、競争社会に嫌気がさし、自然と共にあるような暮らし、お互いが「何しろ」と言われず、好きなことをしつつ助け合うような場所、避難場所が作りたい。

「これから優秀な人間が大勢あつまってきますよ、ぼくは必要なくなったら、また別なところに行ってもいいんだ。冒険野郎みたいなところがあって、尖閣諸島にでも。ぼくは、自分を捨てて他の人のために何かするのが好きなんだ。でも、かえって、その人を駄目にしてしまうことがあって、若い頃はバランスが分からなくて失敗を多くした。木のように風が吹いたら曲がって、あせらずにやっていきたい。これから、ここが、もっと進化した精神のための礎になりますよ。文明社会は二〇一二年までには壊滅的になる、その時ここは生き延びると思うんだ、覚えていたら、その時来たらいいですよ。」

下地さんの話は、納得のいく部分とオカルト的(守護霊がいるんですよ、死んでも脳の電磁波は残っていてとか、超古代文明の話とか)になってきて、アリャリャという部分が混ざっていた。

下地さんは再婚していて、でも妻は都会人だから

船浮に三ヶ月いたらノイローゼになったそうで、まだ崎山に来たことはないし、ここには連れてこられないと言っていた。ぼくを除く四人に共通するのは離婚経験者ということだ（下地さん以外は再婚していない）。それぞれが人生のカーブを曲がったという印象がある。四人が話すのを聞いていると、表面的には楽しく会話していても（食べ物やお金やセックスの話）、あまり突っ込んだ話やお互いへの質問をしない。話す時はよく笑っている坂本さんが一人でいる時は、ひどく疲れていて、姿勢は海へ向かっているのだけど、どこ見ているわけでもない視線で、ぼくは少し怖かった。坂本さんは、じっとしていられないのか、よく働いていて、じっとしていると空虚なのだった。こういう人が、仕事をせずにブラブラしているのは、かわいそうな気がした。そして、ぼくにも「あれして、これして」と言うようになってきたので、少し疎ましくなった。

ちなみに、崎山にある小屋は、徳三じいさんが建てたものだったそうだ。この小屋があって、とても助かったと言っていた。こんなところで徳三の小屋に出会うなんて驚いた。

四日目はよく晴れていた。空に雲一つなかった。鏡のような水面にボートを浮かべ、マングローブが両側に生えている川を下地さんと遡った。

下地さんを崎山に残して、天宮さんを入れて四人で海岸を網取まで歩き（干潮になると崎山湾全体がほとんど干上がってしまう）、そこから漁船をチャーターして船浮に戻った。人里に帰ってきたという気がして、なんとなくホッとした。

船浮で絵を描いていたら、少しずつ、村の人が話しかけてくる感じになってきた。絵を描くということは、ここの風景を気に入ってますよ、とメッセージすることだ。船浮の人たちは少し自信を失いかけているように見えたから、半分はそれが狙いでもあったが、もちろん本当に絵を描きたく

なるところだった。

今日、将棋名人の井上さんに別れを告げに行った。井上さん、しぶく「縁があったらまた会おう」と一言。しんみりした気分で立ち去ったら、後ろから「将棋に負けた一〇〇円おいてけよ！」と焦ったような大声がした（井上さんに勝ったら一〇〇〇円もらい、負けたら一〇〇円払うというルールだった）。

船浮を離れる時、船浮は最高の瞬間をぼくに見せてくれたように思った。それくらい美しかった。デイゴをはじめ、たくさんの花々が咲き、土の道のわきではフクギが深い緑を添え、青緑の海に浮かぶ水色の船、空、言うことは何もない。

首里 ← 本部 ← 石川 ← コザ ← 白保（石垣島）← 新川（石垣島）← 吉原（石垣島）← 南風見田（西表島）← 船浮（西表島）← 崎山（西表島）← 船浮（西表島）

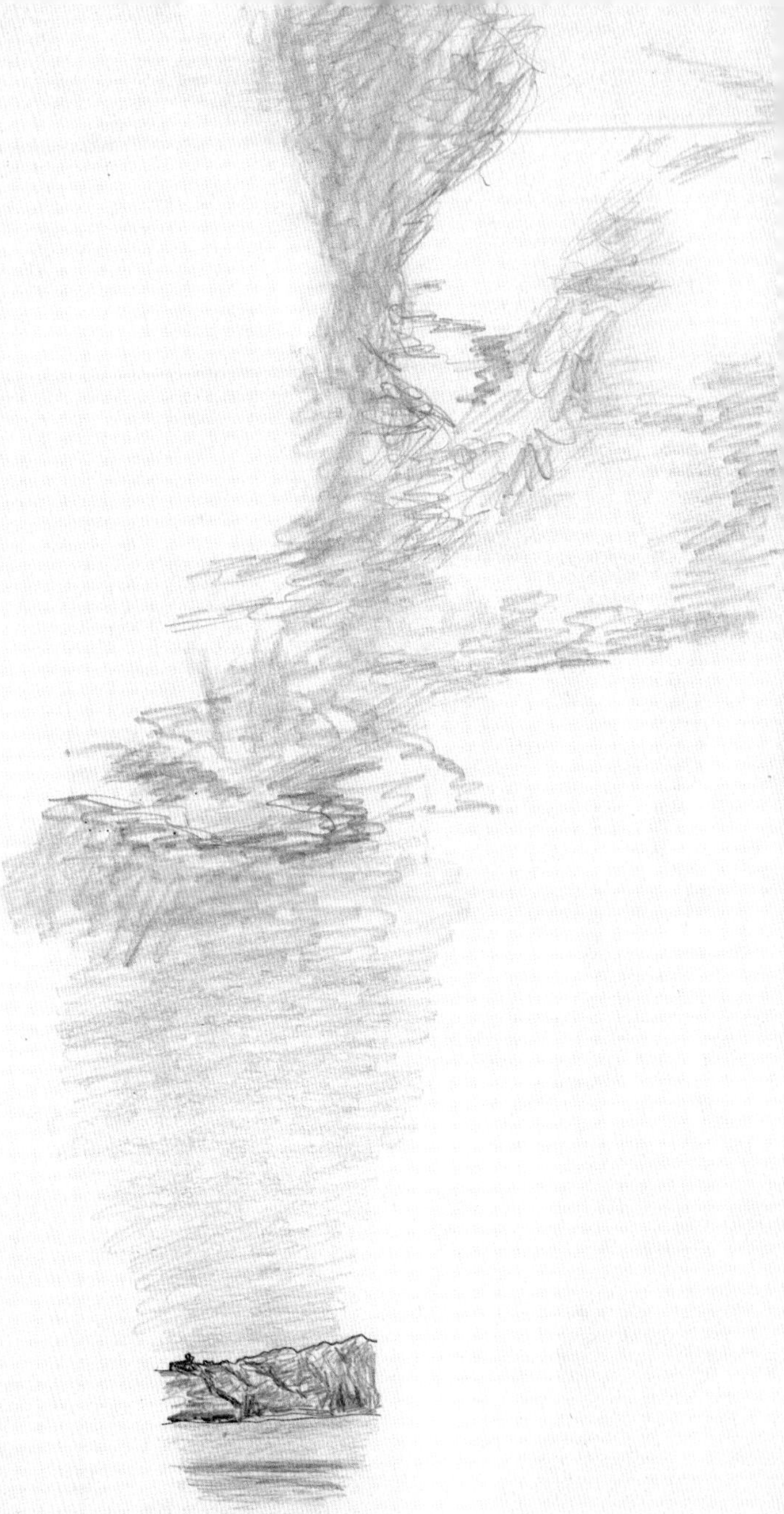

徳三の墓

祖納、ここもいいところです。今では、石垣島からの定期便のある大原や船浦の方が栄えているのかもしれないけど、昔は祖納が中心だったそうだ。石垣が美しい。集落も落ち着きがありながら生き生きして、大原あたりの散漫な感じとちがって、前に書いたようなマジカルな磁力を感じる。歴史が深いためなのか。そして、住んでいる人が親切で、つっけんどんなところがまるでない。ぼくは、「いやり新聞」を訪ねた。なんでも、地元の話題しか書かない個人新聞で、現在九四才のおじいさんが発刊しているという。二度訪ねたが、一度目は寝ていて、次は寝ようとしているところだった。明日、朝、再び行くつもり。

「いやり新聞」の那根武さんに会ってきました。いやり、というのは「便り、手紙」の意味。武さんが石垣に転勤になり、家族もバラバラになってしまった、そこで、西表や東京にいる家族からの手紙を載せ、互いの安否を確認するために創刊したそうだ。以来、三〇年強、記事も地元の話題まで広がり、読者も全国へと増えた（現在一九五部発行、一一九一号目）。耳が遠くなっている武さんとは、紙に質問を書いて会話をした。日本一の家族新聞とのこと。とにかく書くのが好き。武さんのモットーは「強く正しくがんばれ」。園遊会に呼ばれたり、笹川良一の会に表彰されたり……ひっかかるところもあるが、にこにこした、感じのいい人でした。

祖納といえば、もう一つ気になることがあった。徳三の生まれたところなので墓があるかもしれない。祖納で唯一の売店で聞いてみると、別の集落の出身だという。墓はどうなったかね……もう家はないよ、とのこと。その集落に行き、近くの御獄を見に行って、出てきたところで、待っていたかのような自転車のおじさん。徳三のことを聞くと、ハァ、と少しのけぞり、あまり言いたくはないが、言いたくはないが。何です？　と聞くといろいろと話してくれた。

おじさんは徳三より一つ上らしい。小学生のころの徳三は級長をつとめたり、軍隊でもまじめだったよ、とのこと。親が悪い。ケチでよ。終戦後に結婚したこともあったらしい。でも、泥棒して村にいられなくなり、ヤミ船で那覇へ行って、そこでも捕

首里←本部←石川←コザ←白保（石垣島）←新川（石垣島）←吉原（石垣島）←南風見田（西表島）←船浮（西表島）←崎山（西表島）←船浮（西表島）←祖納（西表島）

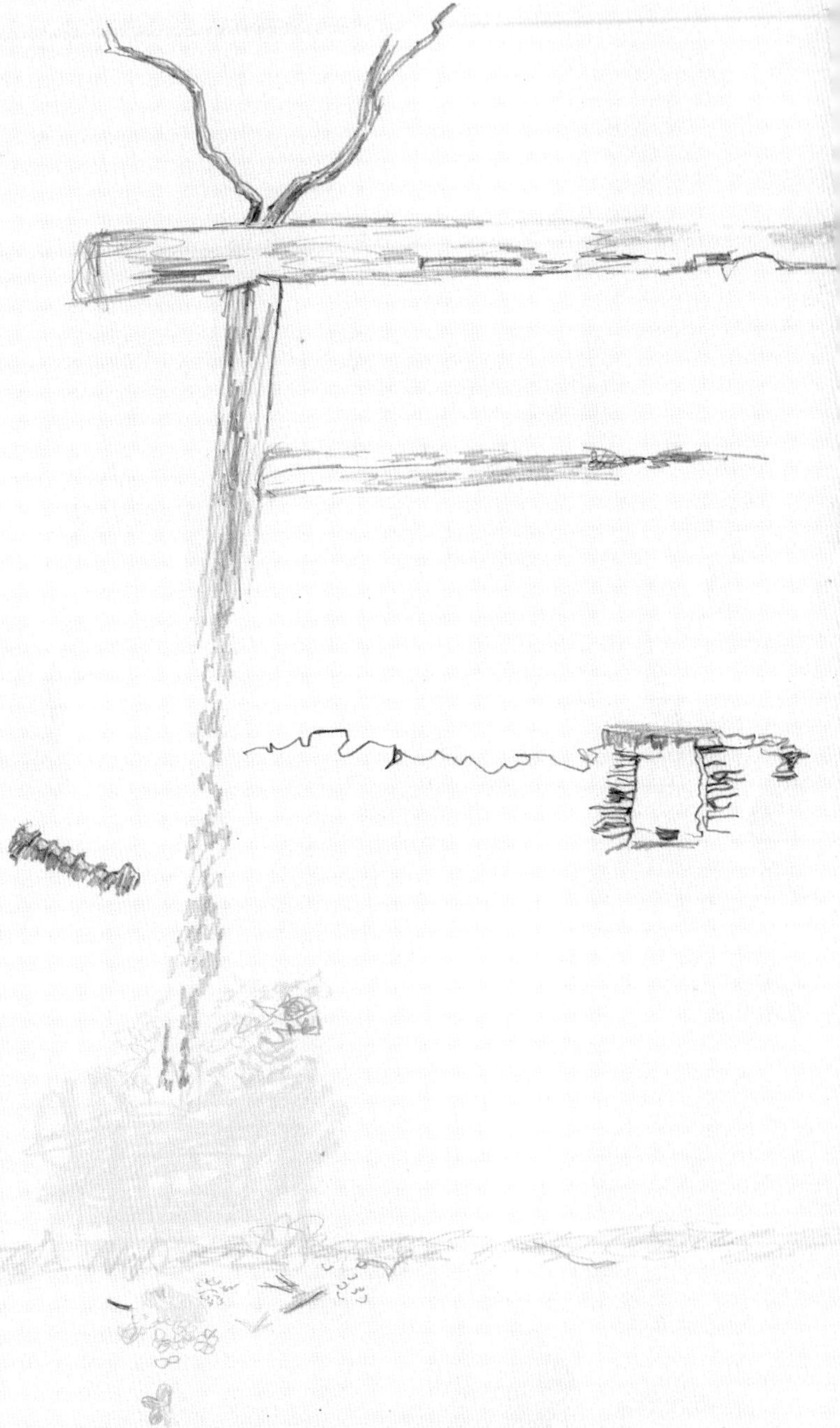

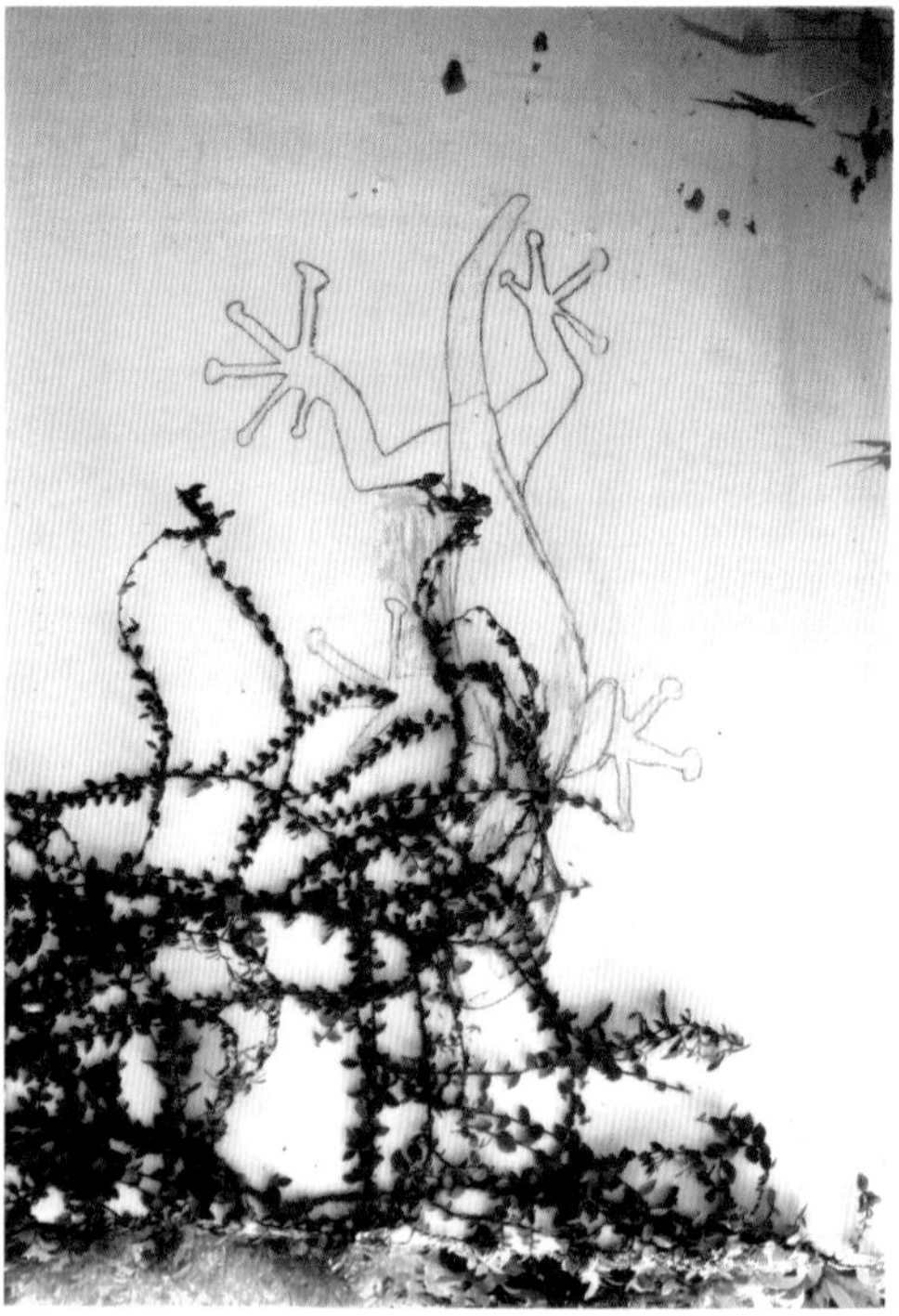

首里←本部←石川←コザ←白保（石垣島）←新川（石垣島）←吉原（石垣島）←南風見田（西表島）←船浮（西表島）←崎山（西表島）←船浮（西表島）←祖納（西表島）←首里

まって刑務所に五年も一〇年も入っていたらしい。村にいるより、おいしいものが食えると言っていたとのこと。看守を脅して、おいしいものを持ってこさせていたという。石垣でも捕まっているはずよ。新聞記者していたっていう記憶はないね。那覇から戻ってきても酒ばかり飲んでるから、誰も相手にしなかったよ。一七、八才で敗戦になって時代が変わったから、一人で生きていけったって、出来ないよ。

徳三は若くして親に勘当されたらしい。おじさんは父親が悪いんだとくりかえした。また、その集落で会った別の人の話では、墓は石垣島にあるらしい。死んだ時はイスに座ったままで背中に床ずれが出来ていたとのこと。崎山のイノシシ小屋の話をしてみると、それはちがう人が作ったと言っていた。崎山に怖い人たちがいると評判らしい。怖くはないですよ、とぼくは一応、反論した。

ヤモリ

沖縄本島の首里に戻ってきた。

中村さんの家の庭にある壁に描いた、大きなヤモリの絵に再会した。中村さんの家を出る前に、ぼくが描いたものだ。

コンクリートの白い庭の隅にヤモリを見つけて、ヤモリ自体は珍しくないけど、このヤモリは色も薄くて見るからに弱っちくて動きも変だったから愛嬌があり、中村さ

中村さん

んとよく見ていた。中村さんが風邪で寝こんだとき、冗談で「ヤモリを笑ったからヤモリのたたりだよ」と言ったのだが、それを境にいなくなってしまった。風邪が治った後、庭の真ん中でもう動かないヤモリを発見した。

ヤモリの絵を見ながら、あらためて、今回の旅行は「死」をめぐっての旅行、「死の後」をめぐっての旅行であったな、と思う。

中村さんも共に暮らした愛する人を亡くすという大きな悲しみを通ってきた人だ。昨日、那覇で見た「ドルチェ」という島尾ミホさんの映画では、八〇才になるミホさんが、母親を失った時の悲しみを語り泣いていた。それぞれがそれぞれの死の後を生きている。ぼくは、そのような人と共にいて、話をきいて、時には作品をつくることによって、それぞれの死の後をほんの少し共に生きたように思う。今まで死について思うことはなかったから（死について問わないということは根拠を問わないということだと思う）、ぼくは、やはり今、変わってきているのだと思う。この旅行は、ぼくにとっても「続きをつくる」ということで、一〇年前の旅行の続きをつくり、過去に関係の深かった女の人と過ごし、これから続きをつくるだろう色んな人との出会いもあった。

長い旅行は、ぼくにとっていつも大きな意味を持っている。一〇年前の沖縄旅行は、その後のぼくに大きな影響を与えた。その時の精神でもって、この一〇年を生きてきた、といってもいいぐらい。でも、沖縄は近くて遠くて、再び来る気にならなかった。

再訪できたのは、続きをつくる準備がぼくに出来ていたためだろうと思う。今後、新しい精神でゆるやかに生に向かって進んでいけたらと思う。ドロドロ高木のいうような発展の段階が訪れる契機になってくれたらと思う。

さよならー

コザの基地ゲート前のトンネルへ、物乞いをしていた新垣さんを訪ねてみた。新垣さんはいなかったが、ヘルメットに塩ビ管をつけ、そこにたくさんの造花を刺し、缶を首から下げて、バイクに座っているおじさんがいた。この人も乞食をしている。バイクの荷台に、これまた、たくさん塩ビ管を乗せている。この管は何に使うのですか、と聞いてみれば、管の中にひとまわり小さい管があり、スライド式にそれを引き出してハンドルまで伸ばし、ベッドになるのだ。ダンボールの看板には「私の好きなものです。バナナ、パイナップル、お金、ちんちん、かもかも、こじきになろう」と書いてあった。若い頃にキリスト教に心酔したらしいが、キリストは神ではないと言って神学校を退学した、とのことだった。

新垣さんの家を直接、訪ねることにした。もう、夜になってたけど、快く迎えてくれた。コンクリート三階建てアパートの三階、思ったよりきれいなところで、一〇畳ほどのスペースは家具がなくてガランとしていた。

新垣さんは、物乞いをしていた時の印象より、はるかに体が大きくて力が強そうにみえた。実際、酒を飲みつつ出てくるのは、やくざと喧嘩をして勝った話が多かった。鳶や溶接の仕事で働いていた頃は羽振りが良くて、でも社長を殴って会社をやめたという。やめた頃は、月五〇万もするホテルに泊まっていたらしい。手持ち金がなくなって、ゲート前で物乞いをはじめたのは四年前。今は、物乞いをする人が一〇人くらいに増えた上に、その人たちが酒に酔ってやったりする影響で、実入りが減ったとのこと。二〇才過ぎの子どもが二人いて、離婚したのは二〇年前らしい。隣近所の幼馴染と結婚していたから、お互いとも再婚しにくいとのことだった。息子に「おじさん」と言われたのがショックで会うのを止めた。仕方ないよなぁ、と言っていた。

羽振りが良かった頃に比べ「今の方が自然

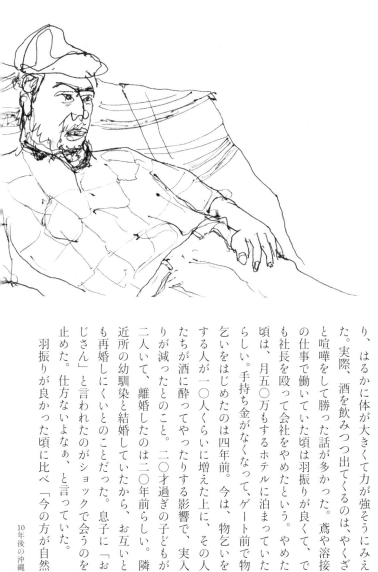

だよ、喧嘩もする気がしないよ、仕事もする気がしないし」と笑っていた。ぼくが帰ったら芝居をする、と言ったら「俺を使ってくれよ、若い頃、役者志望だったんだよ、映画が好きでさ。撮影所の周りに家を借りたりして。ギャラなしでいいからさぁ、食べ物と寝るところがあれば。もう一度、東京へ行きたいんだよ、きっかけがあれば」と身を乗り出した。そういえば、新垣さんの乞食姿には役者がかったところがある。夜半まで酒を飲んで、朝は新垣さんが味噌汁をつくってくれた。

　握手をして外へ出ると、三階のベランダから新垣さんが「さよならー」と手を振った。それが何だかとても良かった。

DUNLOP

初版のあとがき

今、都内の公園のテントの中で、これを書いている。遠くから車の流れる音が聞こえてくる。もうテント村は寝静まっている。

一九歳の時のぼくは、全くもって、はばたきたかった。それも当然のこととして。なぜなら、「学校」というところで息を詰めるような数年間を送っていたから。この沖縄旅行を通じてぼくは、社会の肌合いの多様さを感じていた。人の顔が見えてきたのだ。ああ、全く似顔絵とは、人の顔を見るということだ。ぼくが無意識に選んだ似顔絵とは、社会へのぼくなりの踏み出し方だった。社会とは、人が作っているのだから、隙間やデコボコが常にあるし、一つの社会ではなく無数の社会がある。

ぼくがホームレスとして「ホームレス」と呼ばれる人たちの間に暮らして二年になる。ここも一つの社会である。この今の社会の落ちこぼれたちが作る社会には、可能性がたくさんあると思う。自分のテント前につくったカフェ（代金なし、物々交換で営業）は、公園の住人も住人以外の人も訪れる。ぼくは、お茶を飲み、おしゃべりをして毎日を過ごしている。そして、やはりカフェに来た人の似顔絵を描いては「似てない」と文句を言われている。

この本が形になるまでに、多くの方の協力をいただきました。

素敵な一文を寄せてくれたゲロ。ぼくにとってゲロは、同じ年なのにすっかり旅人の頼れる奴でありライバルでもあった気がする。壁に描いたヤモリの写真を送ってくれた中村玲子さん。故人の日記の引用などを快諾してくれた髙木めぐみさん。ありがとうございました。旅行を支えてくれたたくさんの方々に感謝します。「やりたいことをやる」ということは「人に支えられている」ということなんだなぁ、と思いました。最後に、この本を作るという「続き」をつくるきっかけをくれた恭平さん（キョートット出版）、ありがとう。

二〇〇五年七月
小川てつオ

てつオ君、一五年経ちましたね。

一九八九年十二月二十三日沖縄行きのフェリー。一般の乗船が終わり、デッキに出て出航の様子を見ようと手摺にもたれてターミナルの方を眺めながら船の離岸を待っていると、夕日の中、結構なスピードで港に走りこんでくるタクシーが一台。デカイ板みたいなものを持った少年が収容される寸前のタラップを駆け上がってくるのを「あぁ、ドラマチックな乗船シーンなんてあるものなんだな」とぼんやり見ていました。その表情は焦っていながらも嬉しそうだった事を覚えています。里帰りの人達が多い中、旅行者とも違う空気をまとっていたのが印象的でした。

雑魚寝の部屋、やたらにギュウギュウ詰め。船内放送でかかる場違いなクリスマスソングもあってかなり居たたまれない気持ち。確保されるべき体一つ分のスペースは周りのおっさん達の寝返りでさっさと消滅。彼はどうやらこの状況も楽しんでいるように見える。

話せば同じ一九歳になったばかり。似顔絵を描くと言う。目の前で描き上げられる作品には非常にびっくりしたけど、お客さんとの掛け合いの中で淡々と動じない姿とどことなく掴み所がない危うい感じに変な奴だと思いながらも、信念があるような立ち居振舞いにほどなくして羨望の眼差しを向けている自分がいました。

それから十二月二十六日に別れるまで四日間一緒に過ごした時間が僕自身の自転車放浪の上でも特別なイメージとして残り続け、沖縄に滞在した三ヶ月の間に何度か探したものの携帯電話も無い時代、互いの正確な行動も知りえず異境の地でのウワサ話から推測するだけの人探しでは、結局逢えず。

その後一五年の間、あの危うい感じとエネルギーが僕の意識のどこかに常にあったんでしょうね。繰り返す日常生活の中「今ごろ何やってるのやら」とタマに思ったりしていたそんな時に、ネットで偶然に「沖縄日記」を発見。うれしかったなァ。「てつオ、生きてたんだ」という普通のことがホント普通にうれしくて。当時何だか生き別れてしまったような心持ちだったので余計にそんな感情が出て来たんでしょう。同時に一瞬で意識が一五年前に引き戻され、あの時のやっぱり世の中そんなに捨てたモンじゃないって感じ直して生きていた時のことを鮮明に思い出すことができました。そして仕事中だったため激しい感情は押さえましたが、涙がこぼれた自分自身の気持ちがうれしいやら困惑するやらでした。

今度、一緒に飲みたいものですね。あの時の事を話したりするんだろうか？　この一五年の事？　意外と気まずいだろうか？

どうでもいいね。バカ話ししたい。

二〇〇五年六月

ゲロこと、目黒淳思

追伸

残念ながらあの時頂いた貴重な食料のサツマイモは割った瞬間に糸を引いたために怖くなり、言うに言えず食べるフリして後でこっそり海に投げてしまいました。ごめんなさい。

編集から

執筆

小川恭平（おがわ・きょうへい）1969年、東京生まれ。キョートット出版をかれこれ20年近く続けている。人生のテーマはリズム。囲碁アマ六段。

石田光枝（いしだ・みつえ）1967年、東京生まれ。大学の非常勤講師にはじまり、ふろしき普及の仕事や障害者施設の職員、出版社での校正など、いろいろな仕事をつないで生き延びてきた。2020年よりキョートット出版メンバー。

小川てつオ（おがわ・てつお）プロフィール→ p.240

編注について

キョートット出版　小川恭平

私が、この19歳の旅日記を最初に読んだのは20歳のときです。著者がクロッキー帳に綴り、ちぎって沖縄から送ってきたものでした（それを当時友人らと作っていた同人誌に掲載しました）。読んで、こんな社会の踏み出し方があるのかと興奮し、勇気づけられました。

今回、再版した理由も、学校や親、社会からの抑圧を感じている若い人に「このようなやり方」で元気になってほしいというのが一番。したいことをする、したくないことはしないということ。そして、この本のもう一つの魅力は、そんな19歳を受けとめる沖縄の人々の姿が、著者の観察眼によって立ち現れることです。人生の機微が伝わってきます。すべての人生を歩んでいる人に読んでほしい。

しかし、この旅日記は昭和の空気を吸って育った若者が主人公で、その時代にあったあからさまな差別が反映されています。

新版の刊行にあたり、説明が必要だと思われる箇所について（その一部についてではありますが）、編集（小川恭平／石田光枝）と著者で文章を書くことにしました。その中で差別に対する姿勢も示すこととしました。各執筆者は、自分の問題意識を見つめ個人的に感じたことや体験を交えて語っていますが、三人で話し合ったうえで掲載しています。

日本では人権意識が希薄なまま、ヘイト本が出回り、差別が大手を振り、苦しい社会へ逆行しているように感じます。そんな現実を前に、この本にある差別を問題化して取り上げることは必要であり、意義があると思います。それが、この19歳の手による素晴らしいテキストに新しい命を与えることになればうれしい。

❖1 **思い出し似顔絵**

思い出し似顔絵　小川てつオ　p.08

　似顔絵屋をするのは初めてのことだった。写実／ファッショナブル／アバンギャルドと三コース作ったが、写実コースでさえ、正確さよりも強力な印象を残すものを目指し、色彩がぶつかり合っていた。毎回、F4サイズのスケッチブックにサクラクレパスで三〇分ほどかけて描いた（帯の自画像参照）。ビニールカバーを被せることで、さらにギラついた効果と高級感（？）を醸し出そうとした。描いたものは、当然ながら相手に渡してしまうため、「思い出し似顔絵」として日記に簡略に記録した。

❖2 **ゲロの日記**

ゲロ著　クリスマスの夜、市場の食堂で会った変なオヤジ編より引用　小川恭平　p.10

　この部分は「ゲロ」こと目黒淳思さんが旅の間つけていた日記から、著者が書き写したものだ。当時のことを目黒さんに聞いた。

――家出のような感じで出発したので、日記はどこで死んでも親にわかるようにとつけ始めたもの。だから最初は記述も短く暗い内容だった。しかし、くそ度胸で怖いもの知らずで旅をしているうちに、多くの人に助けられ、自己肯定感も高まっていった。世の中を面白く感じ、気持ちが上がっていった。それにつれ、日記をつけるのも面白くなり、記述も長くなっていった。

　引用部分にある「オヤジ」のことは今でも思い出すことがある。当時の日記は今でもたまに読みかえす。内容はひどいことも多いのだけれど、当時の自分に勇気をもらう。

❖3 **「ニガー」**

ニガーに「オレと似顔絵勝負して……」　小川恭平　p.10

　ゲロ（目黒淳思さん）が著者につけたあだ名「ニガ

ー」は黒人に対するひどい蔑称でもある。
目黒さんにこの名付けについて聞いた。

――「ニガー」は思いつきだった。似顔絵屋だからニガーで、それをniggerにかけるというか、音に反応し、ラップで韻を踏むように名付けたんだと思う。当時、この言葉がスラングで悪口だとは知っていたが、どれほど酷い言葉かはわかってなかったと思う。

また、著者は話す。

――ニガーと呼ばれることに違和感がなかった原因としては、黒人と交流する機会がなかったことが大きいと思う。黒人はメディアの中の人だった。洋楽という窓口はあったが、歌詞の意味を重視する聴き方をしてなかった。沖縄は基地の街として、黒人との独自の交流を持ってきた場所だが、旅で実際に黒人と接することもなかった。

「ニガー」は白人から、人格がないものとして黒人が呼ばれつづけた言葉である。単に蔑称というだけではなく、黒人奴隷の苛酷な歴史がついてまわる。だから、白人から黒人に対して使われた時は、強烈な差別語となる。

一方、あえて黒人側から、名乗る使われ方もある。差別され、またそれに抗ってきた歴史、自らの文化をアイデンティティーとして、誇りを込めて「ニガー」と自分たちから名乗る。例えば、1973年にボリス・ガーディナーは「エブリ・ニガー・イズ・ア・スター」(すべてのニガーはスターだ)と歌っている。

ボリスは、目黒さんが心酔していたボブ・マーリーと同世代のジャマイカのレゲエ・ミュージシャンである。

目黒さんとボブ・マーリーとの出会いは、旅を始めた北海道で、沖縄の与那国島にいる人へボブ・マーリーのカセットテープを届けてくれと頼まれたところから始まるという。そのテープを繰り返し聴いて、それに心身が馴染んでいった。

——自分のあだ名「ゲロ」というのは、酒を飲まされすぎて、ゲロを吐いたところから。「ゲロです」と自己紹介するようになった。社会的にきちんとしようとかカッコつけようとか外からどう見られるか、そんなことから自由になり、社会の枠からはみでた感覚に染まっていった。ボブ・マーリーは、ストリート・ギャングや泥棒のことも歌ったりしていて、自分にしっくりきた。

てつオのことは、同じ19歳で自分みたいなヤツがいるという感じだったから、自分が「ゲロ」でてつオが「ニガー」というのは、まったく差し障りを感じなかった。

ボブ・マーリーによって、黒人のアフリカ回帰を謳う「ラスタファリズム」にも感化された。「ニガー」には、音が面白くて使っているところが大きいが、ボブ・マーリーの思想的なことも少し混じってるかもしれない。

「ゲロ」によって名付けれられた「ニガー」には、旅で出会った著者への仲間意識も感じられる。しかし、たとえ侮蔑的な使い方でなかったとしても、長くそして今も続く差別を背負った言葉なので、当然、受け取る側が不愉快になったり傷つくことがある。

２０１４年、白人警官に黒人の青年が殺された事件への抗議からＢＬＭ運動が大きく世界に広がった。それに呼応したラッパー、ケンドリック・ラマー。歌詞の中で「ニガー」は、黒人への仲間意識をもった呼びかけとして多用される。あるライブで、ステージに呼ばれた白人女性が一緒に「ニガー」という言葉を歌うと、観客からはブーイングが起き、ラマーは演奏を中断させた。「あなたはその部分を歌うべきではない」と。

参考図書

MOMENT JOON『日本移民日記』（岩波書店、２０２１）

❖4 オノ・ヨーコ

オノ・ヨーコは目鼻だちのはっきりしたブスだ

小川恭平

p.16

――どんなにつらくても、そのために社会から中傷されようとも自分のしたいことをする勇気を、いつまでも失わないようにして下さい(オノ・ヨーコ、一時別居中のジョン・レノンへのメッセージ。1974年)

大坂なおみさんの登場まで、オノ・ヨーコは世界で一番有名で、影響力をもった日本人女性だったろう。前衛アーティストで社会活動家でフェミニスト、そしてジョン・レノンの妻。同時に「ビートルズを壊した東洋の魔女」とまで言われ、世界で一番バッシングを受けてきた女性かもしれない。1984年に書かれたオノ・ヨーコ『ただの私(あたし)』の序文では、バッシングのひどさを記し、最後に「世界にむかって、バカヤローと叫びたいのが本音だ」と締めている。

本文中のこの言葉もヨーコさんに「バカヤロー」と言われるものの一つだ。インターネットを検索して驚いたのは、オノ・ヨーコさんの容姿について、美人だ、そうではないと、未だにあれこれ書かれていること。かつてはもっとひどかったろう。「ブス」という言葉はフェミニスト(女性解放運動/ウーマンリブ)をバッシングするときにも多用されたものだ。それは単なる侮蔑語ではない。ブスとみなすことで力を奪うようなかんじ。女は男が価値づけ序列づけるものだという意識が表れている。それは社会に浸透しており、大きな抑圧として働いている(「けっこう美人」の項も参照)。

それに対し、さすがヨーコさん、『ただの私』では冒頭「私は美人で、」という言葉で始める。そこには自らが主体で、女性は客体ではないという強い意志を感じる。また、化粧をしなかったという。抑圧的な女性規範に従わず、自らの意志に忠実なヨーコさんの姿がここにも現れている。

オノ・ヨーコは語る。

——私のように、自分のしたいことをしようと決めてるような女は、生意気だ、ということで、社会も、男も、必死になって殺そうとする。

著者は、前衛的な美術作家としてオノ・ヨーコを認識していたという。自らの服を観客に切らせる「カット・ピース」など、観客に問い、突きつけ、その反応によって思いがけず露呈することをヨーコは作品にしたといってもよい。

オノ・ヨーコとジョン・レノン、二人は出会い、意気投合すると、世界に挑戦状を突きつけるように表現活動を行っていく。ヨーコの作風にジョンが乗った感じもある。新婚旅行を兼ねたベトナム反戦活動の「ベッド・イン」。二人は反戦運動のアイコンとなっていく。「ギブ・ピース・ア・チャンス」「パワー・トゥ・ザ・ピープル」「ハッピー・クリスマス（ウォー・イズ・オーバー）」「イマジン」。これらの歌は二人の共作、またはヨーコがいなければ誕生しなかったものだ。

ジョンが歌った「ウーマン・イズ・ニガー・イン・ザ・ワールド」はヨーコの言葉から作られた歌だ。ニガーという差別語を使って、女性への抑圧と差別を世界に突きつけた強烈なプロテストソングである。

しかし、ヨーコさんへのバッシングは壮絶だった。大衆的な大スターだったジョン・レノンを、前衛的で政治的な表現者に変えてしまった、と。ジョンと対等に立って活動していることへの反発も大きかった。ヨーコさんは言葉に詰まるようにまでなったという。自分が女性であることから、この状況が作られていると強く意識していったのではないか。

ヨーコさんの闘いはフェミニズムの色を強める。「男性上位社会」へ挑戦状を突きつけ、世界の女性たちに連帯を呼びかける歌を歌い、「毎日、一人一人の女性が、家庭のなかで小さな革命を起こしてみることだ」と訴えていく。

本文の言葉に戻り、考えてみる。

著者にその時の記憶を尋ねた。自転車を押してるゲロと並んで二人疲れて歩いていたときのこと、急にゲロがそんなことを言って、特に盛り上がったわけではなかったように思う、とのこと。とすれば、著者がそれを印象的なものとして日記で取り上げたのはどうしてで、私も含め面白く読んだ人は、それをどう受け止めたかを考えねばならないだろう。

　ひとつ言えるのは、自分たちの男性性について無自覚だったということ。ブスと口にしてはいけないのは道徳のお題目くらいの理解で、権威と感じる有名アーティストのアイコンに対して面白く言っている、という認識だったろう。男同士にとって何気なく共有される言葉。それがどれだけの抑圧になっているか、気づかないでいられたのだ。

参考図書

オノ・ヨーコ『ただの私（あたし）』（講談社文庫、１９９０）

小川恭平

❖5「ホモ」という表現

どうやら、ホモだったらしい

p.20

　ここには、同性愛者差別と性暴力の問題がある。「ホモ」という言葉は、男性同性愛者に対する差別的な呼び方として使われてきた。テレビ番組等で同性愛者を笑いとして消費する形でも使われた。それらの影響も受け、「ホモ」は「オカマ」とともに、からかいやいじめの言葉として使われ、同性愛者にとっては生きづらい、差別を文化とするような状況であった。ここでも、「どうやら、ホモ」の「どうやら」という言葉に表れているように、笑いを含む差別的ニュアンスがあり、その文化に乗ってしまっているところがある。たとえここを「ゲイ」と言い換えても表していることは変わらない。

　一般的にいって、男性同性愛者を笑うことは、ホモフォビア（同性愛嫌悪）の表れである。もっと言うと、そこには、男性の男性同性愛者への勝手な恐怖がある。同性愛者の嗜好は多様なのに、自分が性的な対象とされてしまうのではないかと勝手に思い込む。いつも見る側（見る対象は常に女性の身体）だと思っているから、見られる側だと感じることすら、受け入れられない。自分は「女性」「ホモ」の側にはいないと示すために、同性愛者を「笑いもの」にしている面がある。

　そんな状況下、日本でも同性愛をカムアウトして表現活動を行った美輪明宏や「おかま」を名乗って政治活動をした東郷健などの存在もあった。90年代から当事者運動が大きくなり、1994年の第一回レズビアン&ゲイパレード等、声を上げることで、少しずつ同性愛者に対する差別や生き辛さへの認知が広がった。以前のような蔑視し放題の状況は少し改善され、「ホモ」という言葉は使われなくなった。しかし、未だ制度的にも市民の意識にも強い差別があるのが現状だ。

　このテントに侵入してきた人物については問題が多い。承諾も得ずに抱きついたりなど暴力だと言ってよい。が、この暴力性と同性愛者への差別は、はっきり分けて考えたい。

❖6 石敢當

小川恭平 p.22

至る所に「石敢當」と彫り込んであるのだが

沖縄には著者も語るように、「石敢當」と彫られた石版が道端に置かれたり、埋め込まれたりしている。マジムン（魔物の総称）たちは直進しかできないといわれ、石敢當はそれらが家に入ってくるのを防ぐ力を持つとされている。この「石敢當」という三文字は中国から伝来したが、その由来や意味には諸説あるようだ。

❖7 米須海岸

小川恭平 p.31

今次大戦最大の激戦地で、最後に勝敗を決した海岸。この地に散った無名戦士約三万五千名の英霊……（ガイドブックより）

　糸満市米須には「魂魄《こんぱく》の塔」があり、戦後米軍の収容所から解放された住民らが、このあたりに散らばっていた遺骨を拾い、塚をつくり弔った。その後、南部一帯の身元不明の遺骨、約3万5千体がここに集められた（1979年に一部を国立沖縄戦没者墓苑に転骨）。ただ、このガイドブックの説明には問題が多い。米須海岸は勝敗を決した場所ではないし、無名戦士という表現もおかしく、実際は兵士以上に武器を持たない多くの住民が無残に死んでいる。

沖縄戦は、米軍が１５００隻の艦艇で55万人（うち上陸は18万人）を動員し、日本軍約11万人と戦い、20数万人（日本兵９万４０００人、米兵１万２５００人、住民10数万人）の死者を出した、第二次世界大戦での最大規模の戦闘だった。

１９４５年４月１日、米軍は本島中部西海岸の読谷・嘉手納・北谷に上陸する。そこと日本軍が司令本部を置いた首里との間が、両軍が組織的に戦った激戦地となる。ただし、大日本帝国ははじめから沖縄を本土の捨て石にするつもりだった。日本軍の任務は沖縄県民を守ることではなく、米軍の本土侵攻を遅らせ、時間をかせぐための「戦略的持久戦」を行うことだった。その間、本土決戦に備えて皇居（大本営）を長野県松代の地下につくったり、敗戦時に国体（天皇制）を残すべく連合軍側と交渉しようとするなどしていた。結局、その時間稼ぎは単に天皇の存続のためだったといえる。

日本軍11万人のうち、２万数千人は沖縄の一般男性を急きょ集めてつくられた防衛隊や義勇隊で、さらに14才以上の少年約１８００人を鉄血勤皇隊、女子生徒約５００人を看護要員として動員した。また、朝鮮半島から徴用された軍夫３５００人以上（１万３、４千人とも）が、壕掘りや武器の運搬に使役された。１３０カ所ほどの慰安所を設置し、朝鮮人女性らを使役した。住民も様々な軍役に動員された。

戦闘は首里城地下につくられた日本軍司令部が陥落すれば終わるものと、米軍側も、沖縄の住民も思っていた。それで戦火を逃れ、多くの住民が首里以南の南部地域に避難していた。南部には天然の防空壕として鍾乳洞（ガマ）も多くあった。しかし、日本軍は５月22日に最南部への撤退を決定し、摩文仁に司令部を移動。本島最南部にただ戦争を続けるために軍が逃げてきて、壕などを強制的に徴用したため、住民は「鉄の暴風」と呼ばれる砲弾のなかに追い出される事となった。軍民入り乱れていたため、米軍は無差別に海から空から爆撃し、その数は約６８０万発といわれる。多くの人がその砲弾や、ガマにいて火炎放射器等で殺された。

北から米軍に追い詰められ、慶座、摩文仁、米須、山城、荒崎、喜屋武といった最南部の海岸では、米軍の攻撃のほか、手榴弾の自爆や、崖から飛び降りたり等で死んだ。また、米軍の投降の呼びかけに応じようとした住民が、日本兵から殺されもした。

参考図書
大島和典『沖縄平和ネットワーク大島和典の歩く見る考える沖縄』（高文研、2021）

❖8 集団自決

集団自決したであろう洞穴も結構ある

小川恭平

p.31

地上の地獄を集めたといわれる沖縄戦の中でも悲惨で、生き残った人にも大きなトラウマを残したのが「集団自決」である。

一人ひとりの命が価値のないものにされる中で、誤った情報や様々な強制で住民も死んでいった。家族同士で殺し合ったり、巻き添え等で殺された人も多い。多くの子どもたちも殺された。自らの意志で死んだというニュアンスのある「集団自決」より、実態から考えて「強制集団死」と呼ぶほうがよいと言われる。


日本軍は「軍官民共生共死」という方針のもと、「生きて虜囚の辱を受けず」という戦陣訓を住民にも強制し、米軍への投降を許さなかった。また住民は、「米軍は強姦したりした上、皆殺しにする」という話を信じこまされた（ただし米軍による強姦はあった）。実際に日中戦争等で日本軍は捕虜を虐殺していたので、米軍もそうだと考えるのにはリアリティーがあり、捕まるよりはと住民も「自決」に追い込まれていった。

米軍が最初に上陸した慶良間諸島で550人以上、読谷村のチビチリガマで80人以上と多くの住民が集団自決で亡くなったが、本島最南部の米須一帯でも起こっている。日本軍や学徒隊の集団自決のほか、日本軍と住民両方が潜んでいたガマでは、軍人から渡された手榴弾で住民が集団自決している。

豊田正義『ガマ　遺品たちが物語る沖縄戦』（講談社、２０１４）では、米須小学校裏にある一つのガマで起きたことを描いている。そのガマでは米須の住民71人が死んでいるが、入り口が崩れ落ちていたため、初めて調査に入ったのは、２００５年になってからだ。中には多くの白骨があった。住民が投降に応じようとしたが、出入口付近に居座る日本兵に阻止されて米軍の火炎放射により殺された。一人の少年だけが助かっている。

集団自決から生き残った人の証言で、「命（ぬち）どぅ宝」（命こそ宝）という言葉に出会った。それは、単に命が大事だということではない。命の価値をゼロに近くされた場面で、命さえあればと生への意思をもつことだ。もともとこの言葉は、琉球処分（明治政府による琉球王国の強制併合）を扱った芝居の中で、首里城を明け渡し東京に連行される琉球王のセリフから取られている。王は、残る家臣に対して「戦の時代は終わった。命さえあれば」と語る。

母親の「命どぅ宝」という一言で自決をとどまり、投降に応じたケースや、「生きられる間は生きるべきだ」という言葉で、集団自決の現場から抜け出すことができたとの証言もあった。

参考図書

謝花直美『証言　沖縄「集団自決」　慶良間諸島で何が起きたか』（岩波新書、２００８）

❖9　土方のおっさん

土方のおっさんたちから、ビールや野菜炒めを……

小川てつオ

p.34

このような言い方を今の自分ならしないだろう。それは、私の身の回りには、過去、建設現場で働いていた方が多くいて、現在も、日雇いで働いている方が少しはいるためだ。それらの人のことを思うと、類型的なイメージ、しかも蔑む感じも紛れ込んでいる言葉には違和感がある。

自分の両親は、セメント製造や中小建設業、大手設計会社と、主に建築関係の会社寮の管理人をしていたが、母親に確認してみたところ、土木作業員はセメントの会社にしかいなかったそうだ。それは、閉山になった北海道の炭鉱から転職してきた方たちだったとのこと。私が乳幼児のころ、彼らに、よく面倒をみてもらっていたそうだ。その時から19歳の旅の中で多少ふれあうまで、私にとってブルーカラーの世界は、町で見かけるだけのものだった。

❖10 地元民と日本兵
地元民と日本兵の殺し合い
小川恭平 p.34

日本兵が住民を殺したという証言は多いが、逆に地元民が日本兵を殺したという話は私の読んだ資料中にはない。日本兵はガマから住民を追い出したり、住民の食料を強奪したが、抵抗すると殺害したケースがある。武器をもつ日本兵が一方的に地元民を殺す場合がほとんどだったのではないか。また、沖縄語を話すとスパイとみなすとされ、殺されたり、殺されそうになった人もいるが、そこには沖縄の人に対する差別意識がある。

北部地域や離島では、山中に逃げ込んだ日本兵に、スパイ視された住民が殺された。終戦後、投降を勧めに来た住民を処刑したケースもある。久米島では8月15日以降も住民虐殺は続き、結局、朝鮮人の一家を含む20人以上が犠牲になった。

❖11 けっこう美人
二十一才のけっこう美人の店員がいる
石田光枝 p.36

19歳の日記では、旅先で出会った若い女性に対して、「美人」「かわいい」といった見た目を語る言葉がよく登場する。素直なほめ言葉? しかし、「けっこう美人」などには相手を「品評」するニュアンスも感じられないだろうか。品評とは、つまり、ランクづけ。それは似顔絵を描くときの相手を見つめる視線とは、別のものではないか?

容姿で人を品評することや、そこから生み出される差別や偏見をルッキズムという。ルッキズムによって抑圧されるのは、より多くの場合、男性よりも女性だと言える。仕事の面接、職場、家庭、学校、テレビのバラエティー番組等、この社会のあらゆる場面で女性と美は関連づけられ、ジャッジされてきた。そして「美」はたいてい若さと結びつけられ、基準から遠ざかるほど「価値」が劣るとされる。それはあからさまに、あるいは空気のように当たり前に、私たちの社会を覆い続けてきたものだ。

ここで、自分の体験を二つ紹介してみたい。

一つは会社勤めをしていた30代のとき。社員食堂の給湯器でお茶を注いでいたら、背後から急に年長の男性社員が声をかけてきた。「痩せてるなあ！　背中なんかガリガリで、何の魅力もない！」　私は返す言葉もなく凍りついた。このルッキズムが表れたハラスメントにおいて、今はっきりとわかることは、彼は「自分は見る側であり、判断を下す側だ」と信じ込んでいたのだろう、ということだ。

もう一つは最近、食堂のカウンター席で、隣に座った常連らしい年配の男性が私の容姿を話題に話しかけてきたときのこと。外見を「ほめる」言葉が続き、こちらが曖昧に返事をしていたところ、女性の店主さんが男性客に対して「それ以上言うとセクハラだよ」と注意してくれた。すると男性は「言うのは自由だろ！」と言下に言い返したのだ。私はその空間にいて、男性からの品評の言葉や視線が居心地悪く、しかし、何度も経験してきたような、そのモヤモヤした不快さを無意識にやり過ごそうとしていた。が、「言うのは自由」という言葉が耳に入ったとき、即座に、明確に、腹が立った。彼は私をほめているようで、私という人間を無視していることがはっきりわかったからだ。

本書に登場する「けっこう美人」「かわいい」などの言葉は、直接相手に投げかけられたものではないから、これらの経験談がそのまま重なるわけでは勿論ない。同年代の女性への初々しい照れも含まれるはず。だとしても、いや、だからこそ、その不器用さのあらわれの中にもルッキズム的表現が顔を出すことは、この社会をとても象徴的に映し出しているのではないだろうか。

❖12 ガラビ洞
森の谷間にガビラ洞を発見する

小川恭平
p.37

おそらく、ガラビ洞（ガマ）の間違い。

『沖縄県戦争遺跡詳細分布調査（I）南部編』（沖縄県立埋蔵文化財センター、2001年3月）によると、内部でヌヌマチガマとつながっており、合わせて全長500メートル以上ある自然洞窟である。

ここは沖縄戦時の1945年4月下旬より、第24師団第一野戦病院の新城分院として利用された。新城分院には県立第二高等女学校生徒（白梅学徒隊）5人も配属され、看護活動を行った。調査報告書にある遺構図には、内部にカマドや便所跡、手術室、食料倉庫などがあったことが記されている。

同分院は6月3日に撤退となり、歩けない負傷兵は青酸カリで処置された（殺された）。死にきれない負傷兵に対しては、銃で頭部を撃ち、とどめをさした。かつて頭部に穴のあいた白骨死体が残っていたが、そのときの負傷兵のものと思われるとしている。負傷兵の数は多いときには1000人、「処置」された兵士は500人といわれる。

また、このガマには日本軍が連れていた朝鮮人慰安婦が数人いたという複数の証言もある。

現在は八重瀬町戦争遺跡公園となり、ヌヌマチガマの入口には白梅同窓会と八重瀬町による石碑が建てられている。

著者曰く、東側のガラビガマ側から入ったのは間違いない、ヌヌマチガマ側の西端から出たか、その手前の出口から出たかはわからない。

❖13 ユタ、ノロ、ツカサ
ノロらしき人々もいる

小川てつオ
p.56

民俗学への関心は、もう一つの世界に対する希求である。それは、柳田国男が「これを語りて平地人を戦慄せしめよ」（『遠野物語』）と記した誕生時から、学生運動が破れた後での興隆まで変わらない一つのモチーフであった。高校時代から続いている、私の関心もまた、そのようなものがあったと思う。この旅行記には沖縄の民俗の記述が散見される。前知識はなかったはずだが、沖縄の日常の中には民俗的な事象が豊富にあって、自分にはとても刺激的であった。

沖縄本島南部や石垣島で「ユタ」、久高島で「ノロ」、宮古島の離島（大神島）で「司（ツカサ）」に言及している。いずれも神との間を媒介する人を意味する呼称だが、沖縄全体においては、「ノロ」系と「ユタ」系に大別されている。

ノロは、聖地である御獄（うたき）での祭祀を司る。琉球王国時代に国家の宗教体制の中に組み込まれた人たちを指す。女性が世襲している。琉球王国との関係が深い久高島は、島出身の女性全員がノロ系である。

ツカサは、宮古・八重山地方のノロを指す呼称である。

ユタは、私的な領域に関わる主に女性の霊能者で、運勢や吉凶、先祖のお祭りや墓のことなどを担っている。世襲ではなく、神懸かり的な状態を経て自分の神を見いだし、能力を周囲に認められることでユタになる。

❖14 守礼門

やっと首里の守礼の門につく

小川恭平

p.64

首里城の正門のひとつ、守礼門には中国皇帝の親書から取られた「守禮之邦」という言葉が掲げられている。

首里城は琉球王国の政治、外交、文化の中心だった。1879年の「琉球処分」後は、政治の中心ではなくなったが、正殿などは残され、文化財（国宝）にも指定されていた。

しかし、沖縄戦で日本軍がその地下に壕を張り巡らし司令本部としたため、米軍から徹底的な爆撃や砲撃を受け、首里城は数々の文化財もろとも壊滅し、首里の街は廃墟となった。

戦後、米軍統治下の1958年、住民らは寄付を集め復興の最初のシンボルとして守礼門を再建した。以後、守礼門は那覇の一番と言ってよい観光名所だったが、日本三大がっかり名所と失礼な言われ方もしていた。著者も「観光業者は、ここにあまり時間をとってない」と観察している。そこには大日本帝国統治下で文化を奪われ、沖縄戦で破壊されたために、琉球王国の文化の象徴を小さな門一つが背負わされていることの悲哀、そして本土の旅行者の傲慢さが表れている。

　1992年に首里城が再建される。正殿前の広場に行くと、様々な国の使節を出迎えていたことが想像でき、確かに琉球王国があったことをわかりやすく示していた。首里城再建は、沖縄の人々のアイデンティティにとって大きなことではなかったたか。

　2019年には首里城の正殿等が焼失した。守礼門は無事だという。多くの寄付が集まり、首里城は2022年から再建工事に入り、2026年頃に竣工予定。

❖15 さおが曲がる

p.81

石田光枝

さおしなり　カツオが空で　鳥になる

正しくは

さおが曲がる　かつおが空で　鳥になる

　1989年度「一茶まつり全国小中学生俳句大会」（炎天寺一茶まつり委員会主催）において、当時、池間中学校の生徒だった親泊裕之さんが特選を受賞した句。池間島では明治後期からカツオの一本釣り漁業と鰹節製造業が始まり、カツオ産業は地域経済の重要な基盤として隆盛を誇った。しかし、昭和40年代をピークに、南洋漁業撤退などでしだいに衰退。著者がこの句碑に出合った頃は、80年余りの歴史をもつ池間島のカツオ産業が廃業の途をたどっていた時期にあたる。近年、カツオ漁復活に向けての動きや、カツオで地域を活気づけようとする取り組みもある。

　著者談「さおが曲がる、だったんですね。字余りを無意識に添削したのか。当時は似顔絵できなかったことの腹いせに毒づいていますが、再読して、わりといいな、と思いました。正しい初句は、定型を崩すことで一拍おく高度な技なのかも。80年代半ばから10年ほどマーシャル諸島沖などで、カツオの一本釣り漁に従事していた人に、この句を見せたところ、まさにこのとおり、と言っていました。メルヘン的にいえば、釣れた魚が鳥になる、50センチくらいまでだったら、頭上をカツオが飛んでいくから」

❖16 エアロビクス

先生は、かわいいものの生徒は全員がおばさんだった

小川恭平

p.108

エアロビクスは80年代にブームになり、主に女性たちがレオタード姿でダイエットとして取り組んだ。

本文のこの描写にはエイジズム（年齢差別）が表れている。そしてエイジズムとルッキズムが、結びついている。がっかりしたとははっきり書いていないが、「（男なら）わかるだろ」と男性だけに向けて語っているかのようだ。

❖17 女性の年齢をめぐって

年が二九なのが判明した

石田光枝

p.115

旅先のノートで知った知人女性の年齢。「判明」という言葉に暴露するような感じも受け取れて、私はちょっとひやっとした。世間において女性の29歳という年齢は、「婚期」も絡め、若いとされなくなる分岐点のように扱われがちだから、そう感じたのか。

この人は何歳だろう？という関心は自然なことであるし、また、何歳であろうと恥ずかしい年齢など存在しない。が、女性の年齢を知ったときの反応には、見た目の印象とのギャップ、結婚・妊娠にまつわるジャッジなど、いろいろなニュアンスが醸し出されたり、人生を勝手に決めつけられるような「意見」をもらったりするのが常だから、ことさら明かしたくないと思う女性は多いと思う。このくだりを読んで、自分のさまざまな経験が思い起こされた。

たとえば……

30代のとき、知人宅の食事会に呼ばれた。合コンというわけではなかったが、集まった人たちは、ほぼ同年代。初対面同士が多い中、最初に年齢の話になった。たまたま私が最年長だと判明すると、その場にいた男性たちは終始、私だけ名前で呼ばず、揶揄するように「先輩」と呼び続けた。こういう場では若い方が優位に立つかのように。先輩という言葉にもちろん敬意はなく、女として対象外だよ、というメッセージがあっただろう。会社などの組織でも経験したが、こうした「年齢いじり」を男性たちが共有して楽しんでいる感じは、気持ちが悪いものだ。

❖18 物好き
小川恭平・石田光枝

相手は中一なのに、田中君も物好きである

p.121

この「物好き」とは一体どういう意味なのだろうか?

編集サイドは、一般的な男なら恋愛対象とはしない若すぎる少女へのアプローチを「物好き」と評していると読んだ。そこには、彼女たちをどう価値づけるかという、男目線の品定めがある。

ただし、著者は記憶をたどり、「彼女たちから関心をもたれてなさそうな田中君の姿に対し、『物好き』という言葉が出てきた面もあったのでは」と話す。

❖19 西表島のマラリア
小川恭平

マラリアで全滅した西表は移民の島だから

p.133

マラリアとは、マラリア原虫を持つ蚊による感染症で、現在でも世界で年間47万人が命を落としている。

西表島は1962年に撲滅されるまで有病地帯で、古見、祖納、干立、船浮など、絶えることなく続く集落がある一方、入植が行われたものの、マラリアに苦しめられ廃村になったところもある。

太平洋戦時末期には、日本軍によって、八重山の島々の住民がマラリア有病地へ強制疎開させられ、3600人が亡くなった。波照間島では、1945年3月、米軍上陸のおそれを表向きの理由として全島民の西表島への疎開が命令された。牛・馬・鶏はすべて食料として徴用され、食糧不足に陥っていた石垣島の日本軍（8千人が駐留）に送られた。住民が疎開した西表島の南風見田はマラリア多発地帯であったため、ほぼ全員が感染し、3分の1が亡くなった。

終戦後のアメリカ軍政下では、人口増や基地によって土地を奪われた農民らへの対処として、西表島や石垣島への計画移民が行われた。

著者が西表島縦走に出発した、大富などの東部地域は、サトウキビ栽培に適している。現在西表一の人口をもつ大富は、本島の大宜味村、竹富島などから1952年に入植し、一から畑を開墾して誕生した集落。共同売店を運営するなど、協和の精神で村落を発展させてきたという。

❖20 サキシマハブ

ハブにかまれても何もしないそうだ

小川恭平

p.137

西表島に生息するサキシマハブは、沖縄本島のハブより、小型で毒性も若干弱い。ただし噛まれたら、早急に治療を受けることが推奨されている。

❖21 ロシアノーパンギャルズ

後に、この中から三人ロシアノーパンギャルズに入った

小川てつオ

p.154

沖縄旅行後の1990年5月頃から、美術予備校生や美大生などを誘って、数十人のアートグループを結成。社会に対して表現を投げつけるような街頭パフォーマンスを実践した。アカペラのパンクバンド「猿」、電車内の環境音で踊る「車内ディスコ」、長征中の共産党兵・走れメロス・キリスト・ひめゆり部隊・バッタ・松尾芭蕉などがガイドとともに一日中観光地を巡る「死の行進ツアー」、呼び鈴アートという貼り紙をして鳴らして逃げる「呼び鈴アート」など。

バカバカしいと感じることにその人の本質が現れる、という考えは、その後の個展にも共通していたと思う。メンバーひとりひとりがリーダーになるような集団を目指していたが、1年半ほどで活動は休止した。

❖22 嘉手納基地

嘉手納基地のなかでやっているフリーマーケットに出かけたのだった

p.164

小川恭平

沖縄本島中部の嘉手納町・沖縄市・北谷町にまたがる極東最大のアメリカ空軍基地。東京国際空港の2倍（東京ドーム約420個分）の面積をもつ。1945年4月、沖縄戦で旧日本陸軍中飛行場を接収し、住民の土地を奪い拡張した。F15戦闘機を主力に約100機が常駐し、早朝、夜間を含めて離着陸は年間約4万回以上あり、滑走路に近接する嘉手納・北谷町側では甚大な騒音被害がある。

沖縄市側のゲート前から伸びる通りには、米兵の利用の多いバーやライブハウスなどが多くある。コザの街はオキナワンロック発祥の地でもある。

沖縄には米国の4軍（陸軍、海軍、空軍、海兵隊）がそれぞれ基地をもち、保養施設等ももつ。急襲上陸隊である海兵隊（マリーンズ）の割合が多い。山がちな沖縄本島にあって、平地が多く使い勝手のよい中部地域にとくに集中している。

19歳の旅では、著者は那覇から南に向かったので、もし米軍基地のフェンスを見ることは少なかったが、幹線道路である国道58号線を北に行けば、すぐ左手に海兵隊の牧港補給地区（キャンプ・キンザー）が広がっていた。現在、陸軍の那覇軍港の移転先として、この基地の海岸に新しい軍港を作る計画がある。それを越えると右手に海兵隊の普天間飛行場があり、沖縄市方面に行くには、キャンプ・フォスターとの合間を通る。広大な空軍の嘉手納飛行場、その奥にさらに広大な嘉手納弾薬庫がある。太平洋側には海軍の泡瀬通信施設（旧泡瀬飛行場）やホワイトビーチ、さらに北に向かえばキャンプ・ハンセンがあり、中部地域は基地の合間に街がある状況だ。北部には、現在海上に新基地建設が強行されているキャンプ・シュワブ（辺野古）があり、ヤンバルの森には広大な北部訓練場、伊江島には飛行場がある。

米軍は沖縄戦で上陸後、住民を収容所に強制隔離し、基地を建設していった。さらに朝鮮戦争中に「銃剣とブルドーザー」でもって、住民を追い出し拡張した。ベトナム戦争中にも、沖縄は米軍の出撃拠点となり、さらに基地は拡張された。現在那覇新都心となっている牧港住宅地区、北谷町のハンビー飛行場など返還されたところもあるが、多くは今も残り、日本全土の面積中約０・６％しかない沖縄県内に、約70・３％の米軍基地が集中している。

　基地を巡っては、１９５９年の宮森小学校ジェット機墜落事故（死者17人負傷者２１０人）などの事故や、１９９５年の米兵少女暴行事件などの強姦・強姦殺人事件が発生している。

❖23 白保での新空港建設計画

空港の計画は形を変えて続いているらしく……

小川恭平
p.166

　新石垣空港建設には計画から完成まで30余年に渡る紆余曲折がある。

　１９７９年、白保のリーフ内を埋め立てる計画が発表され、反対運動が始まる。白保は戦時中、日本軍が接収して「陸軍石垣島飛行場」を作ったところでもあり、住民の反対運動では戦争体験者が中心になった。また、白保リーフには北半球最大のアオサンゴ群があり、環境破壊としても大きな問題となった。

　１９８９年4月、白保案は撤回。しかし、代案は北へ１・５キロ移動したが一部白保のリーフ内を埋め立てるもので、反対運動は続いた。19歳の著者が白保の海で泳いだのもこの頃。１９９２年には内陸案に変更されたが、それも反対運動で頓挫。

　１９９９年より複数案から選定するための委員会が開かれ、沖縄県は白保より5キロ北の海岸そばのカラ岳陸上案に決定。２００１年当時は、具体的な建設位置を決めるための地元調整会議が行われていた。２００６年より工事が始まり、２０１３年に開港となった。２００７年には白保の海域は西表石垣国立公園に編入された。

　工事中も赤土流出などの問題が起こった。長く続く反対運動の中、白保では容認派と反対派で祭りが別々に行われるなど、地域社会に深刻な分断が生じた。

なお、2023年3月には、石垣島の内陸部に陸上自衛隊のミサイル基地が新設された。18日のミサイル搬入に際し、戦争マラリアのサバイバーで、白保の空港建設反対運動で当時奔走した山里節子さんらが、阻止行動を行った。ミサイル基地については、2018年、有権者の約4割が賛否を問う住民投票を求め署名したのにもかかわらず、議会は住民投票の実施を否決。工事は強行された。

❖24 女の腐ったような男

小川恭平 p.171

気が小さくても、女の腐ったような男でも

「女の腐ったような男」は、まさに「昭和な表現」で、40代以上の人にはリアリティーのある言葉だろう。

男の子が泣いたり、告げ口をしたり、弱音を吐いたりした時に、親や学校の先生など大人から、この言葉で叱られた。ベースに女はよく泣くとか根性がないと決めつける偏見があり、女性を下に見る女性差別がある。

「女の腐ったような男」のような言葉を子供たちも真似する。私（小川恭平）もよく泣く子供だったから、よくそう言われた。同じような言葉で「女々しい」もあり、これはもっと日常で使われていたかもしれない。

著者も同じような体験があったという。2月2日の日記では、突然泣き出した男の子を見て、「感受性が強くて頭も、とてもいい」とポジティブに捉え、小学校時代の毎日泣いていたという自分を思い出している。

「女の腐ったような男」は男の子・男性を苦しめつづける表現だったと思う。「泣く」などの感情の表出を戒められる、「我慢」を強いられる。これを内面化してしまうことはきついことだ。「泣く」ことができることも「弱音を吐く」ことができることも、生きていく上で大切ですばらしいことなのに。「我慢」はしなければしないほどよいのに。「女の腐ったような男」という言葉は女性差別的な価値観が、男性も抑圧することをわかりやすく示している。

ジェンダーフリーが言われる中、この女性蔑視の言葉は教育現場で言われることこそ少なくなったが、この抑圧が死に絶えたとは思えない。

❖25 崎山

崎山という廃村

小川恭平

p.185

琉球王国時代の1755年、同じ八重山諸島にある波照間島から280人、そのほか179人を含む計459人が、未開拓だった西表島・崎山（サキヤマ／サキャン）の地に強制的に移住させられた。

これは琉球王府が宮古・八重山諸島の支配を強化し、税収確保などを目的とする開拓政策の一環だった。しかし他の多くの開拓村同様、風土病マラリアの猛威や飢饉等に苦しめられ人口は年々減少し、1873（明治6）年には64人、1942（昭和17）年で38人、戦後まもなく廃村となった。

強制移住させられた嘆きと望郷の思いをうたった民謡「崎山ユンタ」「崎山節」が今に伝わっている。

❖26 西表島の炭鉱

戦前、この一帯では炭鉱が盛んだった

小川てつオ

p.188

西表島の炭鉱について、白浜から船浮への渡船の中で聞いた記憶がある（船内アナウンスだろうか）。内離島という小島と西表島の間の水道を船が行く時であった。

沖縄において炭鉱は、西表島の北部から西部にかけてしかなかった。その初動は1886（明治19）年、内務大臣・山縣有朋の肝いりで、三井物産が沖縄県内の囚人を利用して採炭するものであった。香港などへの石炭輸出が増える一方で、過酷な労働とマラリアによって坑夫は次々と死亡。3年後には三井による操業は頓挫した。

その後、大小の会社が炭鉱経営に乗り出した。日露戦争から第一次世界大戦にかけ、また日中戦争時の特需などにより、最盛時には数千人の坑夫が働いた。明治末からは、台湾人坑夫が増えた。西表島の炭鉱は、30～90センチと層が薄いために、寝ころびながら掘ら

なければいけなかった。女性は、主に石炭を運搬した。

多くの場合、坑夫は請負人の甘言にだまされて連れてこられた。しかも、旅費や斡旋料などは借金となり、仕事を辞められない状態にされた。逃亡しても、西表島のジャングルを抜けることは困難だった上に、執拗な追跡によって捕縛され、見せしめとして凄惨なリンチが加えられた。

西表島の主な炭鉱の給与は、同じ炭鉱の売店でしか利用ができない「切符」だった。現金を持たせないのは逃亡を予防するためでもあった。ただ、売店の品物は、離島にしては豊富だった。近隣住民も野菜や魚などを炭鉱に売り、売店で日用品を購入した。炭鉱の信仰である「山の神」の祭りは、食事や酒が振るまわれ、坑夫による芝居や舞踊などがある盛大なものだった。鉱業主の一部は、学校や芝居小屋を作るなど、おもてむき環境を整備したが、炭鉱の圧制的な仕組みは変わらなかった。

第二次世界大戦中、船浮要塞の建設や石垣島の飛行場建設、壕掘りなど日本軍の陣地づくりに坑夫は徴用され、米英の潜水艦のために石炭の輸出航路も不安定になり、西表島の炭鉱は休止することになった。

戦後、米軍が3年ほど採炭し、その後は小規模事業として操業していたが、1960年頃すべて廃鉱になった。

なお、崎山にも炭鉱があった。元坑夫は、良質の石炭だったがマラリアがものすごかった、という感想を残している。

参考図書

三木健『西表炭坑写真集』新装版（ニライ社、2003）

新版によせて

一七年前のあとがき同様、公園のテントの中で書いている。二月の夜、ダルマのように着ぶくれして、テントの隙間から流れ込んでくる冷気を感じながら。

不思議な生命力をもった本である。一九才の旅には、何か新しいことを始める時の輝きが、たしかに息づいている。それは、人生の船出に重なってもいるから、なおさらだ。

とはいえ、再刊について特に乗り気だったわけではない。というか、初版においても、編集者である兄に素材を丸投げして好きに作ってもらった本であった。ただ、今回は、キョートット出版の新メンバーである石田光枝さんを含めて、三人で雁首そろえて議論しながら編集することになった（石田さんがいなければ、きっと丸投げしていたと思う）。

まずは、「10年後の沖縄」を大幅に増補した。一九才の旅のような新鮮さは少ないが、居場所と共同性を巡る探求があり、それは現在の自分に直接的につながってくるものがあるからだ。この旅の底流には、二〇代において試みていた、居候ライフ、芸術、恋愛などでの他者との共同のあり方が、総体として壁にぶつかっていたことがある。沖縄本島の中村さんや、（本文には記されていないが）以前つき合いのあった女性を西表島へ訪問することも旅の目的の一つだったと思う。そして、それぞれの方が、現地に根をはって暮らしていると感じられたのも大きな収穫であったと思う（西表島の女性は、リゾート開発に対する反対運動を現地の人と行っていた）。

この章の元になった手紙は、朴理紗さんの『わたしという「在日」――三世の自己認識過程とアイデンティティ』という修士論文に対する返信であった。論文は、それまで意識しないで済ませてきた世界に目を開かされる、とても興味ぶかい内容だった。しかし、返事をなかなか書くことができず、結局、沖縄旅行中にも論文を持ち歩くことになり、旅行記を返信に代えることにした。そこには、朴さんのアイデンティティへの実直な試行に刺激され、なんとか呼応しようとする気持ちがあった。

さらに、再刊には困難があった。主に一九才の旅の文章に看過することのできない表現が複数あったためだ。編集サイドから指摘をうけながら議論をしてきたのだが、この作業は思いのほか、難航した。

その最大の理由は、ぼくが、それらの表現が依拠している空間・意識を相対化することに困難があったためである。初版から一七年がたって、社会状況は大きく変わり、今は使うことがない言葉であっても、自分の意識にどれほどの変化があったのかは怪しい。そのため、この件についての議論自体が、針のむしろに座っている感じがする時もあった。

具体的な内容については、「編集から」を読んでいただきたいが、いくつか付記する。

沖縄に上陸した初日に宿泊したユースホステルで、ヘルパーがペアレントに馬乗りになって殴りかかり、ペアレントは組み伏せられながらもヘルパーを批判している場面がある。いきなり思いもかけないシーンが展開されていたためか、ゲロと私は腹がよじれるほど笑っている。旅行をしている自分たちの高揚感がよくあらわれており、印象深い。出来事に巻き込まれず大笑いするエネルギーは痛快でもある。しかし、この場面は、戦争や米軍基地の傷が開口している沖縄社会、その断面を示している可能性があった。そして、それらの傷の一因が、沖縄と本土の不均衡な関係であることを、その時に意識することが出来ていれば、笑うことはできなかったはずである。

女性に対して、かわいいとか美人とかいう表現が頻発することにも我ながら驚かされた。そこにあるのは、男性の欲望の同質性を前提とした空間である。それは、「男」以外を排除していると同時に、男性の欲望の多様さも排除している。「若いから仕方ない」とされることを想定してもいるだろう。

自分が位置している空間をどのように認識して、いかに自分や空間を変えていくことが出来るのか。それには、他者の視点による働きかけが必要となる。今回、三人で議論をしたこと、そして編注として、編集者が書いてくれたことには、自分にとって、そのような意味があると思う。

再刊にあたって、本書に関わりのある人たちに久しぶりに連絡をした。朴理紗さんには、あらためて論文を送っていただいた。卒業後は、民族教育にたずさわり、現在は外国ルーツの子どもと親のサポートをしているとのことである。彼女にとって、この論文は生き方の基礎になるものだったそうだ。

ゲロは、カヌーをしつつ北海道に住み、なんでも最近、再婚したそうで元気だった。髙木めぐみさんは、石垣島のまた別の場所でペンションをやりながらダイビングをしているという。ありあさんも、もう大人だ。中村さんも、電話をしたら元気な声を聞かせてくれた。孫もいるとのこと。それぞれの近況から、その人らしさがあふれていて、独自な人生を歩んでいることが感じられ、とてもうれしかった。また、編集時にアドバイスをくれた藤本なほ子さん、本に光を与えてくれる装丁家の納谷衣美さん、ありがとう。二人とも、ぼくが20才の頃に知り合った。出会いというのは偶然のようで、お互いの発している何かによって結びつく必然の要素もある。みんな、長生きしよう。

二〇二二年二月
小川てつオ

小川てつオ
1970年生まれ。高校卒業後、絵画、詩、音楽、パフォーマンスなどを行う。1996年より「居候ライフ」として、約50カ所の「家」を巡回する。2003年から都内公園にてテント生活をはじめ、物々交換カフェ・エノアールをいちむらみさこさんと運営。また、「ねる会議」や「反五輪の会」に参加し、野宿者排除に抵抗する活動をしている。

このようなやり方で300年の人生を生きていく［新版］
あたいの沖縄旅日記

2023年5月22日　第1刷発行

著　者　小川てつオ

編　集　小川恭平・石田光枝（キョートット出版）

装丁・組版　納谷衣美

発行者　小川恭平

発行所　キョートット出版
〒603-8311 京都市北区紫野上柏野町52-12
TEL 050-6872-1904
FAX 075-366-8892
MAIL zzz@kyototto.com
https://kyototto.com

印刷　シナノ書籍印刷株式会社

ISBN 978-4-9902637-7-5

*本書は2005年8月15日発行『このようなやり方で300年の人生を生きていく：あたいのルンルン沖縄一人旅』に大幅な増補・改訂を施し、新版として刊行しました。

1/26 朝、フロに入れてもらう。朝食も、いただく。天気がいいのでスケッチをする。夜、9時ごろ自治会長が、ごはんをもってきてくれる。考えてみれば、毎日、色んな物をもらっている。沖縄を旅行してきた奴にきいても、そんな事はいってなかったから、あたしは、何かこの方面に才能があるのかもしれない。似顔絵より物乞いの方が収益が上がるのではないか。

1/27 差し入れのメシをくい、自治会長の家へ行く。会長の奥さんが、破れている服でなくて、[redacted]これを着た方がいいと[redacted]青のジャンパーをくれる。池間中学校の生徒が、俳句の全国大会で入選し、かつ中学校自体も団体入選したので、そのお祝いを10時からやる、という。かなり迷ったが、似顔絵の看板をもって、中学校の体育館に乱入しようとするものの、受付の[redacted]PTA会長という感じの嫌味なおばさんに犬のように追い払われる。ムカッとするが、まあ、退散する。[redacted]入選した句というのは、うさおしなり　カツオが空で　鳥になる」というものである。悪くないが、面白くも何ともみえず、いちいち、でっかい石[redacted]に刻む程の句だろうか。雨がふり始める。散歩していると中、似顔絵をかいた工事の人たちの車に拾われ、事務所へ行く。彼らは、だいたい20代、30代なのだが、お茶をのみつつ話をする。表のけい示板に、[redacted]似顔絵がはってある。事務所の黒板に赤と白のチョークでアートをする。その前で記念写真をとる。いつの間にか雨は滝のような豪雨になっている。となりの事務所の人の似顔絵を描く事になり、道具を公民館にとりに帰るが、[redacted]道は、川のようになり、服は、カサをさしているのにズブぬれ。雨が小降りになったら、行こうと思いつつ、激しくなるばかりなので、結6時ごろ行きカギがしまっているのを発見した。その間に日記を10日分くらい書く。

1/28 朝、自治会長の所で、朝食をいただく。えびの天プラなど。一杯目の[redacted]あずきごはんはおいしかったが、二杯目の赤飯は、圧倒された。東京では、一杯目のあずきごはんを赤飯と呼んでいるのだが、池間では、赤飯は赤飯。ただ、まっ赤というかまっピンクなのだ。それも、合成着色料で、白まいを染めているのだ。[redacted]気持ち悪い、というと、これが気持ちいいのよとおばさんは
にかく食べる。畑の方でスケッチしていると、オートバイの兄ちゃんが、
サトウキビをとり入れしているおばさんた